벱페 페놀리오(Beppe Fenoglio)의 문학 세계 연구

이 기 철

문예림

저자 소개

베네치아 Ca' Foscari 국립대학교에서 이탈리아문학 박사학위를 취득하였다.

논문으로는 '벱페 페놀리오의 작품에 나타난 안개의 이미지', '시칠리아 구비문학에 나타난 기독교', '알레산드로 바리코의 작품에 나타난 바다의 의미' 등이 있으며, 저서로는 『이탈리아어 급하신 분을 위한 표현 백서』, 『해설이 있는 교양 이탈리아어』, 『입에서 톡 이탈리아어』 등이 있다. 옮긴 책으로는 『세계민담전집 : 이탈리아편』, 『미래는 아름다운 날이야』, 『이탈리아 DOC와 DOCG와인 리스트』 등이 있다. 세계 키위 총회, 이탈리아 프로디 총리, 세계 헌법재판소장 회의, G20국회의장회의 등의 동시통역과 이탈리아 스칼파로 대통령, 나폴리타노 대통령 국빈 방한 수행 통역을 담당하였다. 현재 서울대학교, 한국외국어대학교, 한국예술종합학교에서 이탈리아어문학과 문학 관련 강의를 담당하고 있다.

벱페 페놀리오의 문학 세계 연구

초판 인쇄 : 2012년 4월 30일
초판 발행 : 2012년 4월 30일
저　　자 : 이 기 철
발 행 인 : 서 덕 일
발 행 인 : 도서출판 문예림
등　　록 : 1962년 7월 13일 제 2-110호
주　　소 : 서울 광진구 군자동 1-13호 문예하우스 101호
전　　화 : (02)499-1281~2
팩　　스 : (02)499-1283
http://www.bookmoon.co.kr, www.ebs.co.kr
E-mail : book1281@hanmail.net

ISBN 978-89-7482-654-3 (13790)

*저자와 협의에 의해 인지를 생략합니다.

머리글

세상에는 우연한 운명적인 만남이 분명 존재한다.

나와 벱페 페놀리오(Beppe Fenoglio)와의 만남이 그렇다.

1996년도 여름 어느 날, 필자는 가족과 함께 밀라노 중심가를 산책하던 중이었다. 이탈리아 문학 작품을 녹음한 오디오북을 구입하려던 필자는 우연히 한 서점 앞을 지나가게 되었고, 진열장에 놓여있는 *La malora(파멸)*라는 한 권의 책과 그에 딸린 테이프가 눈에 들어왔다. 우선 오디오북을 구입하기 전에 그 내용을 알고자 했던 필자는 서점 주인에게 책을 우선 읽어볼 수 있는 지 물었고, 주인은 쾌히 승낙했다. *La malora*를 손에 든 필자는 책의 마지막 장을 넘길 때까지 그 자리를 뜰 수 없었고, 그 책을 읽고 나서 벱페 페놀리오라는 작가에 대한 궁금증이 일어났고, 그의 작품을 연구해 보기로 그 자리에서 결심했다.

그 이후 필자는 베네치아 대학 박사과정에 입학하면서 페놀리오의 작품에 대해 심도 있는 연구를 해보기로 결정했고, R. Ricorda 교수님의 지도 아래 논문을 진행했다. 필자는 논문을 쓰면서 가능한 한 작가와 관련된 장소라든가 소설 속에 묘사된 장소를 직접 찾아가서 보고 느끼고자 노력했다. 이와 같은 필자의 관심과 노력은 지금까지도 지속되고 있다.

이 책은 필자가 지금까지 페놀리오의 작품에 대해 학술 세미나, 문학지 그리고 학회지 등에 발표했던 글들을 모아 정리한 책이다. 자료를 한 곳으로 모으며 전체적으로 통일성을 기하기 위해 경우에 따라 약간의 수정을 가했을 뿐 가능한 한 손을 대지 않는 것을 원칙으로 했다.

이 책이 나오기까지 항상 힘이 되어준 가족에게 진심으로 고마운 마음을 표하며, 이 책의 출판에 힘써 주신 문예림에 감사드린다. 마지막으로 이 책이 페놀리오의 문학 세계를 이해하는 데 작은 도움이 되기를 희망한다.

2012년 봄

이 기 철

목 차

벱페 페놀리오의
문학 세계 연구

I. 생 애

벱페 페놀리오(1922-1963)는 이탈리아의 북서부, 랑게Langhe 지역(페놀리오의 작품에 나타난 랑게는 세 개 지역 - 농촌 생활을 그린 작품의 무대인 고(高) 랑게, 레지스탕스 운동을 그린 작품의 무대인 저(低) 랑게 그리고 랑게 지역의 중심 도시인 알바 Alba - 으로 나눌 수 있다)에 위치한 알바 Alba에서 출생하였다. 그는 시대적, 문화적 상황 속에서 격동의 시대를 살아간 증인의 한 사람이다.

페놀리오는 어린 시절의 방학의 대부분을 고(高) 랑게 지역에 위치하고 있으며 아버지의 고향인 산 베네뎃토 벨보에서 보내게 되는데, 이 때 경험한 농촌의 삶과 자연과의 교감은 레지스탕스 운동 기간 중에 직접 참가한 빨치산 활동 경험과 더불어 페놀리오 문학의 바탕이 된다.

정육점을 운영하는 가정의 어려운 경제적 상황으로 인하여 부모들은 페놀리오를 고등학교에 입학시키는 것을 포기한다. 하지만 페놀리오의 총명함을 눈 여겨 본 선생님들이 적극적으로 부모를 설득함에 따라 고등학교에 진학하게 된다.

페놀리오의 고등학교 시절은 그가 문학의 길로 접어들게 된 매우 중요한 시기라고 할 수 있다. 원래 내성적인 성격의 소유자인데다가 말더듬 장애를 가지고 있던 그는 친구들과 어울리기보다는 학교의 도서관에서 독서에 몰두하게 되었으며, 영어에 대한 관심과 더불어 이 때 읽은 책들, 특히 죠이스J. Joyce, 로렌스D. H. Lawrence, 예이츠W. B. Yeats, 콜레리지S. T. Coleridge, 셰익스피어W. Shakespeare와 같은 영국과 아일랜드 작가들의 작품은 그의 문학적 역량을 발휘하고 번역 활동을 하는데 커다란 도움이 되었다.

외국 문학의 소개에 있어서 파시즘 치하에서 활동한 엘리오 빗토리니E. Vittorini와 체사레 파베제C. Pavese가 미국 문학에 관심을 가지고 이를 파시즘 치하에서 하나의 탈출구로써 사용하였다면, 페놀리오는 미국 문학 보다 영국 문학에 더 많은 관심을 기울였으며, 어떠한 사상과도 관련이 없는 문학에 대한 순수한 열정에 의한 것이었다.

고등학교 졸업 후에 페놀리오는 문학을 계속 공부하고자 토리노 Torino 대학의 문학부에 입학하지만 2차 세계 대전으로 인하여 1943년 군에 입대한다. 휴전협정이 이루어지자 페놀리오는 랑게 지역을 중심으로 활동하는 빨치산 대열에 합류하여 직접 레지스탕스 운동을 벌인다.

전쟁이 끝났지만 페놀리오는 다시 대학으로 돌아가지 않고, 안정된 생활을 바라는 부모의 뜻을 받들어 고향에 있는 한 포도주 회사의 무역부 직원으로 취직한다. 하지만 페놀리오는 문학에 대한 열정을 버리지 못하고 비록 전업 소설가는 아니지만 소설가로서의 길을 계속 걷는다. 1950년대인 이 당시는 신사실주의가 쇠퇴하기 시작하고, 이를 이끌었던 기수였으며, 1930-40년대에 미국 문학의 신화를 창조했던 빗토리니가 이미 이탈리아 문학계와 출판계의 중심에서 자리를 잡고 활동을 하고 있을 때이었고, 문학계에서는 전쟁 및 레지스탕스 운동에 관한 작품들이 홍수를 이루고 있었다.

이러한 작품들을 출판한 작가들을 두 부류로 나누어 본다면, 전쟁 당시의 역사적 사실을 바탕으로 작품을 쓰는 회고적인 작가들과 당시의 상황을 허구화하여 작품을 쓰는 순수 작가들로 구분할 수 있다. 이러한 두 가지, 즉, 역사적 사실에 근거하면서 자신의 작품에 문학성을 부여하고, 사실주의와 서정주의 사이의 불명확함을 뛰어넘는데 유일하게 성공한 작가가 바로 페놀리오이다. 이러한 점은 특히 『빨치산 죠니 Il partigiano Johnny』에서 뚜렷하게 나타나고 있다.

1963년 41세의 젊은 나이로 세상을 뜨기 전 까지 대부분의 삶을 자신의 고향에서 보내면서 작품 활동을 계속한 페놀리오는 랑게 지역 마을들을 중심 무대로 인간의 삶에 대한 투쟁과 피 비린내 나는 전쟁을 그의 작품에 그리고 있다. 이러한 면을 마리아 코르티 Maria Corti는 "페놀리오는 랑게 지역 주민들의 삶에 대한 한 시대의 해설가 역할을 하고 있다[...] 페놀리오는 평화와 전쟁을 겪은 두 세대의 모자이크를 한 조각 한 조각 만들고 있다"[1] 라고 함축적으로 말하고 있다.

페놀리오의 작품세계는 두 가지 테마, 농촌의 삶에 관한 테마와 레지스탕스 운동에

---

1) M. Corti, *Realtà e progetto dello scrittore nel Fondo Fenoglio*, in <<Strumenti Critici>>, n. 11, ebbrario 1979, p. 42.

관한 테마를 다로고 있다.

　농촌의 삶 또는 일상적인 사건들을 다룬 작품으로는 충 12개의 단편으로 구성되어 있는 <알바시에서의 23알> 중 후반부 6개의 단편과 <파멸>, <토요일의 대가>, <불의 날> 등 이 있으며, 이들 작품에 나타난 '랑게' 지역에 한정되고 있는 농촌의 세계는 도시와 대비된다든가 또는 같은 지역 출신의 작가 파베제의 작품에 나타난 것과 같이 돌아갈 수 없는 신화의 세계인 고향도 아니다. 농촌 세계는 단지 현실과 저항의 무대로 비춰지고 있을 뿐이다.

　레지스탕스 운동에 관한 작품으로는 단편집 <알바시에서의 23일>중 전반부 6개의 단편과 <아름다운 봄>, <빨치산 죠니>, 그리고<사적인 문제>가 있다. 이 작품 속에서 나타나는 빨치산 대원들의 전쟁과 에피소드의 무대 또한 근본적으로 농촌의 삶을 다룬 배경과 마찬가지로 랑게 지역에 일치하고 있다. 페놀리오 작품에 항상 나타나는 유일한 공간인 랑게 지역은 작가의 인생과 매우 밀접한 연관을 가지고 있으며 작가의 예술적 재능과 역량을 형성하는 데 있어서 근본적이고 필수 불가결한 요소이다.

　레지스탕스 작품의 내용적인 면을 살펴보면, 페놀리오는 나치-파시스트들과의 전투에서 승리하고 패배하는 것을 있는 그대로 전달하는 점과, 빨치산들의 공포심, 도망, 절망, 패배 그리고 분노 등을 숨김없이 그리고 있다는 점에서 항상 빨치산들의 승리로 미화시키는 여러 다른 작가들과는 다르다. 또한 페놀리오는 역사적 사실에 근거하여 군사적인 측면에서 빨치산에 대한 파시스트들의 우의를 인정하고 있으며, 빨치산의 죽음은 결코 도덕적 승리가 아니라 영원히 돌이킬 수 없는 사건으로써 모든 것의 종말을 의미한다.

　페놀리오는 자신의 고향인 알바에 있는 와인 생산 회사의 직원으로 일하며 작품을 쓰다 1963년 폐병으로 사망하였다.

II. 시대적 상황

    20세기의 전반기에 이르러 전 세계는 두 번에 걸친 세계대전의 혼란 속에 휩쓸리게 되었다. 이러한 정치적, 사회적 혼란 속에서 이탈리아에서는 러시아의 볼셰비키를 본보기로 한 이탈리아 공산당이 1921년 창당되었고, 뭇솔리니B. Mussolini는 산업 부르조아들의 지지와 재정적 지원을 등에 업고 1922년 파시즘 정부를 세운다. 이 파시즘 독재 정권의 영향은 2차 세계 대전 속으로 이탈리아를 몰아넣었고, 전쟁에서 패하고 피살된 때인 1945년까지 지속되었다.

    이러한 상황에서 이탈리아 문학계에는 새로운 물결이 몰아쳤는데 먼저 시(詩) 문학 분야 있어서는 크게 세 가지 경향으로 나누어 볼 수 있다.

    그 첫 번째로는 가브리엘레 다눈치오G. D'Annunzio의 유미주의와 인위적인 기교에 대해 반발하고, 풍자와 더불어 감상적인 경향을 추구한 구이도 곳차노G. Gozzano와 세르지오 코랏치니S. Corazzini를 대표로 하는 "황혼주의Crepuscolarismo"이다. 이 황혼주의는 이론화된 보편적인 시론이 없었고, 단지 로마와 토리노를 중심으로 하여 일어남으로써 지역적인 한계를 극복하지 못했을 뿐만 아니라, 대략적으로 1903년에서 1911년 사이에 걸친 단기간의 경향에 그치고 만다. 하지만 황혼파 시인들은 위대한 예언자적 시인과 특권적인 시인의 자격 그리고 시인의 칭호를 거부하는 '겸손논쟁(umiltà polemica)'을 불러일으킴으로써 문학계에 황혼파의 문제를 광범위하게 형상화하도록 유도하였으며, 당시의 이탈리아 문화와 사회적 모순들을 의식하는 하나의 징후로써 해석할 수 있다.

    두 번째로는 필립포 톰마소 마리넷티F. T. Marinetti가 1909년 2월 20일 파리의 <<르 피가로 Le Figaro>>지에 선언문을 발표함으로서 공식적으로 탄생한 "미래주의 Futurismo"이다. 미래주의자들은 시구와 문장의 고전적 구조들을 산문식 문장 구조법에 의해 깨뜨리고자 했으며, 황혼파 시인들과는 달리 적극적 행동주의와 산업화를 노래하고 비판적 어조로써 개방적이며 동적인 성격을 표방하였다. 특히 미래주의의 힘과 용기 그리고 피와 폭력의 미학을 찬양하는 특성은 파시즘과 전쟁에 대한 시각이 거의 일치하였다.

마지막 경향으로는 1930년대와 1940년대에 걸쳐 피렌체를 중심으로 시의 절대성과 순수성을 추구하며 일어난 순수시 운동이라고 할 수 있는 "에르메티즈모 Ermetismo"이다. 주요 작가로는 살바토레 콰시모도 S. Quasimodo, 알폰소 갓토 A. Gatto를 들 수 있는데, 에르메티즈모는 예술적인 면에 너무 치우침으로써 어려운 상황에 처해있는 당시의 사회적 현실을 외면했다는 비난을 받았다.

소설 문학 분야에 있어서는 대표적으로 "신사실주의 Neorealismo"를 꼽을 수 있다.

신사실주의라는 말은 원래 1920년 중반기부터 이탈리아 영화계에 불어닥친 새로운 물결을 지칭하는 말이었으나 나중에 문학의 영역에까지 파급되어 (혹은 문화 전반에 파급되어) 광의로서, 사회와 인간의 현실에 보다 밀접하게 관련 맺은 모든 산문적 경향을 포괄하게 되었다. 특히 문학에 있어서 신사실주의는 전쟁의 드라마틱한 상황과 전후의 심각한 사회 문제와 현실에 대하여 적어도 암시적으로 사상적, 사회적, 정치적 관심을 가지고 주의 깊고 단호하게 새로이 접근하는 것을 의미한다.

당시의 암울한 현실 속에서 이탈리아 지식인들은 파시즘의 지배와 전쟁, 레지스탕스 활동 그리고 가난에 대처할 방향을 모색하고 있었으며, 몇몇 진보적인 작가들은 사회적, 역사적 의식을 가지고 작품 활동에 임하여 작품에 상징성, 회고성, 서정성을 부여함으로써 문학의 독자적 미의 세계를 견지하려는 움직임을 보였다.

따라서 신사실주의는 크게는 민중의 삶에 공감하고 그 삶의 현장에 뛰어들어 그들의 도덕적 문명적 그리고 사회적 해방 의식을 대변하고 표현해야 한다는 책임 의식을 절감했으며, 작게는 각 개인의 고통스러운 소외감으로부터의 해방을 위해 인간 상호간의 진실한 대화의 가능성과 그들 간의 보다 독립적인 생활 형태를 추구하기에 이르렀다. 그들은 노동자 농민들의 생계유지를 위한 사회 현실과의 투쟁을 시발로 부르주아들의 도덕적 정신적 타락을 주요 소재로 삼기 시작했다.

Ⅲ. 작품과 이미지

1. 벱페 페뇰리오의 작품에 나타난 사실주의

1) 서론

이탈리아 작가 벱페 페뇰리오 Beppe Fenoglio(1922-1963)의 작품은 농촌을 무대로 한 테마와 레지스탕스 운동을 테마를 지닌 세계로 구분할 수 있다.

그의 작품에 대한 연구는 41세의 이른 나이로 생을 마감한 작가의 나이와 작품 수에 비하여 괄목할 만한 성과를 나타내고 있다. 특히 페뇰리오는 이탈리아 현대 문학사에서 레지스탕스 문학 분야에 있어 독보적인 위치를 차지하고 있다. 하지만 레지스탕스를 그린 작품 이외에도 그의 작품을 구성하는 대표적인 다른 하나는 그가 태어나고, 성장하고, 생을 마감한 지역인 랑게 Langhe[1]를 배경으로 가난한 농민들의 삶을 그린 작품이다.

농촌의 삶 또는 일상적인 사건들을 다룬 작품으로는 총 12개의 단편으로 구성되어 있는 『알바시(市)에서의 23일I ventitre giorni della città di Alba』중 후반부 6개의 단편과 『토요일의 댓가La paga del sabato』, 단편 모음집 『불의 날Un giorno di fuoco』에 실려 있는 작품이 있으며, 농촌을 소재로 한 이야기 중에서 유일하게 중편인 『파멸 La malora』이 있다. 이들 작품의 공통적 배경이 되고 있는 공간인 랑게는 작가의 문학세계와 매우 밀접한 관계를 맺고 있으며, 작품 소재의 원천을 이루고 있다.

---

1) 랑게 Langhe(단수형은 랑가 Langa)는 이탈리아 서북쪽에 위치한 피에몬테 Piemonte주(州)에 있는 해발 200미터에서 500미터 사이의 능선으로 이루어진 지역으로, 중심 도시인 알바 Alba를 비롯하여, 고도가 낮은 지역인 저랑가Langa bassa, 높은 지역인 고랑가Langa alta 지역으로 구분되어 있다.

작가의 소설에 그려진 랑게 지역에 한정되고 있는 농촌의 세계는 같은 지역 출신의 작가 파베제C. Pavese의 작품에 그려진 돌아갈 수 없는 신화의 세계와는 달리 현실과 저항의 무대로 나타나 있다.

현재까지의 국내외 연구경향을 살펴볼 때, 이탈리아의 경우 주로 작가 작품의 연대기를 밝히기 위한 연구에 집중되어 있으며, 국내의 경우는 작가의 작품에 나타난 저항문학의 특징과 기후적 요소를 중심으로 한 자연의 이미지에 관한 연구가 소개되었다.

이 연구에서는 페놀리오의 작품 세계를 조명함에 있어 필수적으로 검토해야할 사실주의적 측면을 농촌세계를 그린 작품을 중심으로 분석하고자 한다. 이를 위하여 II장에서는 먼저 이탈리아에서의 사실주의에 대하여 전반적으로 조명하고자 한다. III장에서는 페놀리오와 그의 고향인 랑게 지역과의 연관성을 고찰한 후, IV장에서는 작품의 내용적 분석을 통하여 작품 속에 함유되어 있는 농촌의 비참한 현실 묘사에 대한 사실주의적 요소와 더불어 이러한 작품의 특성을 잘 나타내기 위해 작가가 사용한 서술적 특징을 연구한다. 마지막으로 V장은 결론으로 구성된다.

2) 이탈리아에서의 사실주의

굳이 어느 누구의 말을 빌리지 않더라도 "작품은 현실을 반영한다" 또는 "작품은 사회적 현실의 산물이다"와 같은 정의는 더 이상 논의의 여지가 없다. 그 만큼 작품 속에 작가는 인간 사회에서 발생했던, 발생 중인, 발생할 수 있는 모든 것을 투영하고 있으며, 더 나아가 상상 속의 그 모든 것을 그려낼 수 있다. 즉, 예술작품은 작가로부터 나오는 것이며 동시에 작가가 살고 있는 사회현실로부터 나온다. 또한 사회적·역사적 현실과의 관계를 반영하는 작가의 세계관과 작품 사이에는 직접적 관계가 성립되고, 작가는 외적현실에 종속되기보다는 그것을 인간의 내면에 반영한다.

작품이 작가와 사회적 상황의 공동 산물이라고 하지만 모든 작품에 작가의 삶이나 세계관이 그대로 수용되어 있다고는 할 수 없다. 그러나 많이 또는 적게, 직접적 또는 간접적으로 작가의 의도와 세계관이 작품에 침투되어 있음은 부정할 수 없을 것이다. 작가는 작품을 위하여 자신을 둘러싸고 있는 사회적 상황을 직시하고, 자신의 세계관을 작품에 담으려는 의지와 그것을 작품에 담을 수 있는 능력을 지녀야 하며, 언제나 현실의 인물, 사물, 사건 및 현실의 양상과 동태에 관심을 기울여야한다.

사물을 있는 그대로 드러내는 것이라고 주장하는 '사실주의Realismo'는 18세기부터 19세기에 걸쳐 유럽의 사회·문화의 사조를 이끌었던 낭만주의의 쇠퇴에 이어 19세기 중반에 프랑스에서 최초로 등장한 사조로서 합리적 이성을 중심으로 한 고전주의에 반발하여 감정과 상상력, 낭만 등을 외치며 나타난 낭만주의와는 다르게 시대적·사회적 변화와 더불어 자연스럽게 등장하였다. 사실주의가 프랑스에서 생겨나게 된 배경은 프랑스 혁명으로 인한 구질서의 붕괴와 새로운 부르주아 계급의 등장, 산업 사회로의 신속한 변화, 이농현상으로 인한 도시의 급격한 팽창 등을 들 수 있다.

특히 당시의 문학은 인쇄술과 출판업의 발달로 인하여 더 이상 귀족들만의 전유물이 아니라 대중들도 접할 수 있는 문학으로 변모하였으며, 작가들 또한 왕이나 귀족들의 지원으로부터 벗어나, 자신들 스스로의 삶을 개척하였기 때문에 왕과 귀족에 대해 칭송하는 작품이 아니라 일반 독자들을 대상으로 자신들 나름대로의 목소리와 관점을 가지고 사회에 대한 인식을 자유롭게 표현하는 작품을 저술하였다. 따라서 발자크Balzac의 『고리오 영감』, 스탕달Stendhal의 『적과 흑』, 등으로 대표되는 사실주의 문학은 독자들이 접하고 있는 현실과 사회상을 사실적으로 반영하여 객관적이고 현실적으로 나타냈으며, 그 속에서 살아가고 있는 인간의 실제적인 모습을 반영하였다. 또한 일상적 경험으로부터 작품의 문학적 소재를 발견하고, 작품에 사용되는 언어 또한 일상적인 언어를 그대로 사용하였다.

이 글에서 필자가 의미하는 '사실주의'는 19세기 후반에 서구에서 성행했던 문학사조로서의 '사실주의Realismo' 또는 당시의 현실만을 사실적인 기법을 통해 그대로 묘사하는 방식으로서의 '사실주의'만은 아니다. 물론 그와 같은 기법은 중시하되 직접적이든 간접적이든 작가의 직접 혹은 간접경험을 토대로 언제나 꾸밈없이 현실에 대한 인식과 그 탐색을 그 중심으로 하고 있다는 의미의 사실주의이다.

특히, 이 연구에서 다루는 페놀리오의 작품은 그 시기적·내용적으로 볼 때 이탈리아의 '신사실주의Neorealismo'와 그 맥을 같이 한다. 이러한 측면에서 페놀리오의 사실주의는 신사실주의와 동일한 의미로서 사용할 수 있다.

신사실주의는 1940년대 초에 이탈리아 영화계에서 태동하여 대략 1950년대 초까지 주류를 이루었던 현상을 지칭한다. 로베르토 로셀리니R. Rosellini 감독의 '무방비 도시 로마 Roma città aperta', 비토리오 데 시카V. De Sica 감독의 '자전거 도둑Ladri di bicicletta', 등으로 대표되는 이 시기의 영화는 제 2차 세계대전 후의 폐허 속에 나타난 인간들의 고된 삶을 그 중심에 두었다. 이러한 현상은 점차로 문화의 모든 영역에까지 확대되어 사회와 인간의 현실에 보다 밀접하게 관련 맺은 모든 산문적 경향을 포괄하게 되었다. 소설분야에 있어서 신사실주의는 전쟁의 드라마틱한 상황과 전후의 심각한 사회 문제와 현실에 대하여 사상적, 사회적, 정치적 관심을 가지고 접근하였다.[2]

당시의 암울한 현실 속에서 엘리오 빗토리니E. Vittorini와 파베제는 작가로서 또한 비평가로서 출판사에서 일하면서 책임과 참여 의식을 가지고 파시즘 정부의 검열을 피하기 위한 일련의 방편으로 루이스Lewis, 멜빌Melville, 로렌스Lawrence, 스타인백Steinbeck 등의 미국 작가들의 작품을 번역하여 이탈리아에 소개함으로써 '미국 신화'를 창조하였다.

전후에는 전쟁, 레지스탕스 활동 그리고 전후의 가난을 그린 작품들이 간행되었는데, 그 중에서도 페놀리오의 작품 이외에, 어린아이의 눈을 통해서 전쟁을 그린 이탈로 칼비노 I. Calvino의 『거미집 속의 오솔길 Il sentiero dei nidi di ragno』, 아우슈비츠 강제 수용소에서의 실제 경험을 그린 프리모 레비 P. Levi의 『이것이 인간이라면 Se questo è un uomo』등을 꼽을 수 있다.

리얼리즘 작품의 기본 요건은 작가는 현실의 세심한 부분을 관찰의 대상으로 삼아야 하며, 그 대상을 있는 그대로 객관적으로 관찰하여야 한다. 작가가 관찰하는 대상은 사람이든 사물이든 혹은 사건이든 간에 비현실적인 것이어서는 안 된다. 페놀리오는 자신이 태어나고 성장한 지역을 떠나지 않고 그 곳에 머물면서 소위 지역작가로서 자신의 직·간

---

2) 이 당시에 이탈리아 시(詩) 문학 분야에서는 구이도 곳차노G. Gozzano를 대표로 하는 "황혼주의 Crepuscolarismo"와 필립포 톰마소 마리넷티F. T. Marinetti가 이끄는 "미래주의Futurismo" 그리고 살바토레 콰시모도S. Quasimodo를 중심으로 하는 "에르메티즈모(순수시운동)Ermetismo"가 탄생하였다. 이 중에서 '에르메티즈모'는 파시즘의 독재체제 하에서 사회적 현실을 외면하고 예술의 순수성만을 추구함으로써 비난을 받았다.

접 경험을 바탕으로 작품활동을 활발히 전개하였다. 비록 그는 작품에서 사상적인 측면 또는 사회에 대한 책임의식 등을 다루지 않았지만, 현실에 바탕을 둔 소설세계를 통하여 현실의 세계를 보여주려고 끊임없이 노력한 작가이다.

우리는 가난을 이기기 위해 머슴으로 팔려 가는 젊은이와 빈곤을 견디지 못해 죽음을 선택하는 농민의 삶을 그린 페놀리오의 작품을 통하여 당시의 사회상황 및 농촌의 현실을 고찰할 수 있다. 페놀리오의 소설 속에 나타난 있는 현실은 작가의 간접적, 직접적 경험이 그 기저를 이루고 있으며, 작가는 이러한 현실을 과장과 수식 없이 있는 그대로 조망하고 있다는 점에서 동시대의 다른 작가들과 구별된다고 할 수 있다.

3) 페놀리오와 랑게Langhe

직접경험은 작가의 자질 중에서 특히 중요한 요소이며, 그러한 것이 다른 자질의 형성에 큰 힘을 발휘한다고 할 수 있다. 이러한 사실을 고려한다면, 페놀리오는 가난과 레지스탕스 운동이라는 현실을 직접적으로 풍부하게 체험한 작가이기 때문에 그러한 현실을 더욱 잘 파악했으며, 이를 작품에 반영했다. 그렇다고 해서 그의 작품 모두가 직접적인 체험과 자서전적인 이야기를 바탕으로 이루어진 것은 아니다. 그는 자기 고장의 여러 사람들로부터 전해들은 또는 스스로 수집한 랑게 지역에서 발생했던 사건 등을 작품의 소재로 사용하였다. 이러한 면에서 그의 작품은 직접체험과 간접체험이 융합된 산물이라고 할 수 있다.

페놀리오 소설에 나타난 농촌은 목가적이고 전원적인 세계와는 동떨어진 가난과 죽음으로 얼룩진 현실을 보여준다. 그는 작품에서 현실의 모순을 비판하며 해결책을 제시하기보다는 이를 형상화하는 것에 더욱 중점을 두고 있다. 무엇보다 작품에서 빈곤의 문제는 소설의 주인공들을 정신적·육체적으로 극한의 상태로 몰고 감으로써 종국에 이르러 죽음에 이르게 하는 가장 중요한 동기로 작용하고 있음을 발견할 수 있다.

농민과 가난에 대한 작가의 문학적 관심은 작가의 아버지가 정육점을 운영하면서 가까스로 가게를 이끌어 나가는 열악한 경제적 상황으로 인하여 상급 학교에 진학할 수 없을 정도로 빈곤했던 작가 가정의 상황과 산 베네뎃토 벨보S. Benedetto Belbo 지역에서 방학을 보내며 보아왔던 농민들의 삶 그리고 과거에 실제로 발생했었던 그들의 비극적 사건에 대한 소설화로 나타났다. 이러한 측면은 현실과 역사에 대해 일정한 인식으로 소설의 창작 기술이나 표현형식과도 깊은 관계를 맺고 있다고 할 수 있는데, 가난과 죽음이라는 소재는 당시의 암담한 현실을 사실 그대로 나타내고 있다. 이러한 상황은 우리나라의 1920년대, 1930년대 리얼리즘 문학이 농촌문제와 도시의 빈민을 주 소재로 다루었던 것과 매우 유사하다.

페놀리오는 고(高)랑게 지역에서 경험한 농촌의 삶과 자연과의 교감은 레지스탕스 운동 기간 중에 직접 참가한 빨치산 활동 경험과 더불어 문학세계의 근본적인 밑바탕이 되었다. 작가는 랑게 지역 마을들을 중심 무대로 인간의 삶에 대한 투쟁과 피비린내 나는 전쟁을 그의 작품에 그리고 있다. 이에 대하여 마리아 코르티M. Corti는 "페놀리오는 랑게 지역 주민들의 삶에 대한 한 시대의 해설가 역할을 하고 있다[...] 페놀리오는 평화와 전쟁을 겪은 두 세대의 모자이크를 한 조각 한 조각 만들고 있다"3)라고 함축적으로 말하고 있다.

4) 작품에 나타난 사실주의

1952년에 출판된 처녀작 『알바시에서의 23일』에 이어 1954년에 출간된 페놀리오의 두 번째 작품 『파멸』은 이탈리아에서 네오레알리즈모가 점차 쇠퇴하기 시작하는 시기와 때를 같이한다. 이 작품은 작가의 작품 중에서 가장 드라마틱한 작품이며, 신사실주의 최고작품 중 하나로 평가받고 있다.

이 작품의 제목 자체가 암시하듯이 랑게 지역에 살고있는 가난한 농민의 비참한 이야기를 그린 작품으로 가난함을 이기지 못해 다른 집에 머슴으로 팔려간 주인공 아고스티노 Agostino의 이야기이다.

---

3) Corti, Maria, *Realtà e progetto dello scrittore nel Fondo Fenoglio* in 《Strumenti Critici》, n. 11, febbraio, 1979, p. 42.

소설의 주인공과 그의 가족 그리고 땅, 그 속에서 가난하게 살아가는 사람들의 이야기를 작가는 자신의 아버지 고향이며, 작가가 어릴 적에 친척집에 기거하면서 방학을 보낸, 그리고 작가 스스로 '이 세상에서 가장 슬픈 마을'[4]이라고 말하는 랑게 지역 중에서도 가장 가난한 고(高) 랑게 지역에 위치한 산 베네뎃토 벨보를 배경으로 그리고 있다.

이 작품의 구성은 크게 두 부분으로 나뉘어져 있다. 전반부는 아버지의 장례식으로부터 시작하여, 치즈를 만들어 팔아 생계를 유지하는 어머니를 모시고 사는 주인공의 형 스테파노Stefano와 빚을 갚지 않아도 된다는 조건으로 수도원에 보내어진 막내 에밀리오Emilio의 이야기, 그리고 주인공의 주인인 토비아Tobia의 가족 이야기 등이 *flash-back* 형태로 구성되어 있다.

작품 후반부는 아고스티노가 머슴을 살고 있는 마을인 파발리오네 Pavaglione 에서의 힘든 삶과 그 곳에서 사는 사람들, 특히 주인공처럼 머슴 생활을 하다가 목을 메어 자살한 코스탄티노Costantino의 이야기, 파발리오네에 있는 토지의 실제 주인으로 랑게 지역에서 가장 큰 도시인 알바에서 약국을 경영하는 약사, 병든 토비아의 아내를 돕기 위해 온 하녀 페데 Fede와 주인공과의 슬픈 사랑, 페데의 불쌍한 결혼, 아고스티노와 에밀리오의 귀향으로 이루어져 있다.

이 작품의 분위기는 한마디로 매우 슬프고 어둡다. 특히 죽음은 아버지의 장례식을 그린작품의 첫 장면부터, 장례식을 마치고 돌아갈 때 자살을 충동을 느끼는 주인공, 수도원에서 결핵에 걸려 집으로 돌아온 주인공의 동생 에밀리오Emilio의 죽음을 암시하는 맨 마지막 부분까지 끊임없이 나타나고 있다.[5]

아버지의 죽음으로 인하여 차려진 많은 음식은 슬픔 속에서 가난의 고통을 다시금 맛보게 한다.

Per pranzo c'era tonno, sardine e olive, gallina e il suo brodo, doveva morire

---

4) Rizzo, Gino, *Per un itinerario letterario: le Langhe di Beppe Fenoglio* in 《Nuovi argomenti》, n.s., 35-36, settembre-dicembre, 1973, p. 227.

5) 페놀리오 작품에 나타난 죽음은 물의 이미지와 깊은 연관을 맺고 있다. 이에 관해서는 이기철, 「페놀리오의 작품에 나타난 물의 이미지」, 『이어이문학』제 6집 1권, 한국이어이문학회, 2000, pp. 119-138을 참고하시오.

nostro padre per metterci nell'obbligo di fare un pranzo cosi.[6]

점심 식사에는 참치, 정어리, 올리브, 암탉과 그 국물이 있었다. 아버지는 우리에게
이와 같은 식사를 꼭 하도록 하기 위해 돌아가셔야만 했나보다.

랑게 농민들의 생활을 지배하는 것은 가난, 대를 이어온 가난이다. 대대로 내려오는
가난 때문에 머슴으로 팔려간 주인공은 자신의 노동력을 제공하고도 적은 품삯 때문에
결코 풍요로운 생활을 할 수 없다. 사실 노동의 대가도 주인공이 정한 것이 아니라 주인
공의 아버지와 토비아 사이의 흥정에 의해 정해진 것이다. 주인공은 평범한 인간이 아니
라 일정의 노예이다. 주인공을 고용한 토비아 역시 하인으로, 그가 모셔야 하는 실제 주
인은 알바시(市)에 살고 있는 부유한 약사이다. 토비아와 그의 가족들 역시 고된 삶을 살
고 있다.

이 작품의 배경인 랑게는 가난과 고통으로 얼룩져있는 장소로 그 곳에서 태어난 사람
들은 그 고통을 짊어지고 살아가야 한다.

Questa Langa porca che ti piglia la pelle a montarla prima che a lavorarla.[7]

이 더러운 랑가는 그 곳에서 일하기도 전에 그 곳에 오르는데 너의 껍질을 벗긴다.

그 속에서 살아가는 사람들의 비참함, 고된 노동, 굶주림은 대단히 사실적으로 묘사되
어 있다. 얼마나 비참한 생활을 하고 있는지, 눈물겨운 식사 장면은 가난했던 우리의 과
거를 회상하게 한다.

A mezzogiorno come a cena passavano quasi sempre la polenta, da insaporire
strofinandola a turno contro un'acciuga che pendeva per un filo dalla travata;
l'acciuga non aveva già piú nessuna figura d'acciuga e noi andavamo avanti a
strofinare ancora qualche giorno, e che strofinava piú dell'onesto, fosse ben
stata Ginotta che doveva sposarsi tra poco, Tobia lo picchiava attraverso la

---

6) Fenoglio, Beppe, *La malora*, in Opere, Edizione critica da M. Corti, vol. II, tomo 4, Torino,
Einaudi, 1978, p. 396.

7) Ivi, p. 380.

tavola, picchiava con una mano mentre con l'altra fermava l'acciuga che ballava al filo.[8]

정오에는 저녁때와 마찬가지로 거의 항상 폴렌타로 때웠다. 맛이 나게끔 대들보에 실로 매달려 있는 멸치에 대고 교대로 문질렀다. 멸치는 더 이상 멸치의 형상을 지니고 있지 않았고, 우리는 며칠 더 문질렀다. 정직하게 하는 사람 보다 더 문지른 사람은 얼마 후에 결혼 할 지놋타였다. 토비아는 식탁 너머로 그녀를 때렸는데, 한 손으로는 때리고, 다른 한 손으로는 실에 매달려 흔들리는 멸치를 붙들곤 하였다.

배고픔에 굶주린 토비아의 아내와 자식들은 토비아가 잠시 물방앗간에 곡식을 빻으러 간 사이에 토끼를 잡아먹는다. 이 사실을 발견한 토비아는 아내와 자식들에게 채찍을 휘두른다.

Che vi diventi tossico nelle budelle! - urlava a ogni colpo, che vi diventi tossico nelle budelle! - finché gli mancò la voce [..].[9]

"창자 속에서 독이 될 거야!" 때릴 때마다 토비아는 소리쳤다. "창자 속에서 독이 될 거야!" 목소리가 나오지 않을 때까지 [...]

수도원에서 잘 지내고 있으리라고 생각했던 주인공의 동생 에밀리오 또한 굶주림("배고파, 형 Ho fame, Agostino")[10]에 시달렸으며, 제대로 먹지도 못하는 굶주림의 상황 속에서 주인공에게 주어지는 고된 노동은 그야 말로 뼈를 깎는 것 같은 고통이 수반된다.

A lavorare sotto Tobia c'era da lasciarci non solo la prima pelle ma anche un po' più sotto.[11]

토비아 밑에서 일하기 위해서는 맨 위 가죽뿐만 아니라 조금 더 밑에 있는 것까지도 내 놓아야 했다.

---

8) Ivi, p. 378.

9) Ivi, p. 380,

10) Ivi, p. 385.

11) Ivi, p. 378.

주인공을 중심으로 주위에 있는 남자들의 고된 삶과 더불어 나타나 있는 농촌의 여성들 (아고스티노의 어머니, 토비아의 아내와 딸, 하녀 페데)의 인생 또한 매우 비참하다. 결혼을 하더라도 여인들의 삶은 바뀌지 않는다. 이러한 면은 토비아의 딸인 지놋타의 결혼식 날, 자신의 어머니를 도우려고 하는 딸에게 전하는 말에서 결혼한 후에도 지놋타의 인생이 어려울 것이라는 것을 예측할 수 있다.

> Ci mancherebbe altro! Ma tu non sai che giorno è questo per te. È il primo e ultimo giorno bello della tua vita, o povera Ginotta. Neanche il giorno che avrai il tuo primo bambino sarà piú bello come questo.[12]
> 괜찮아! 오늘은 너를 위한 날이라는 것을 모르니. 네 인생에 있어서 처음이자 마지막으로 아름다운 날이란다. 불쌍한 지놋타. 네가 첫 아이를 갖게 되는 날도 오늘처럼 더 좋지는 않을 거야.

농민들의 가난과 굶주림이 『파멸』의 전반부를 차지하고 있다면, 후반부는 그에 따른 질병이 지배적인 테마이다. 동생 에밀리오를 다시 만났을 때 아고스티노는 동생이 심한 기침을 하는 것을 발견한다. 토비아의 아내 또한 수년에 걸친 고된 삶을 견디지 못하고 병들어 자리에 눕게된다. 아고스티노는 병든 토비아의 아내를 시중들기 위해 온 페데에게 사랑을 느끼고 결혼하기를 원하지만 페데는 자신의 의지와 상관없이 다른 곳으로 시집보내어 짐으로써 어려움 속에서도 사랑을 꽃피우고자 했던 것마저 철저히 무시당한다. 주인공의 반응은 짧은 문장 속에 즉각적이고 단호하게 나타나 있다.

> Io ero rimasto come un vitello dopo la prima mazzata.[13]
> 나는 처음 한 대 얻어맞은 직후의 송아지처럼 서 있었다.

토비아 아내가 하는 말을 들은 아고스티노에게 남아있는 것은 어떠한 행동도 취할 수 없는 절망뿐이다.

---

12) Ivi, p. 391.

13) Ivi, p. 434.

- Ho paura che quei due boia piú vecchi abbiano fatto sposare Fede al piú giovane per usarla poi tutt'e tre. Povera figlia.

Quella sera saltai cena, perché non vedessero che non mi restava neanche piú la forza di masticare.[14]

"나이가 더 많은 그 두 명의 깡패들이 세 명 모두가 그녀를 사용하기 위하여 가장 어린 동생에게 결혼시켰을까봐 걱정이 돼. 불쌍하기도 하지."

나는 그 날 저녁식사를 걸렀다. 왜냐하면 음식을 씹을 힘조차도 나에게 더 이상 남아있지 않았기 때문이었다.

마침내 아고스티노는 집으로 돌아가기로 결심한다. 그 귀향은 주인공에게 가장 아름다운 일이며(내 인생에 있어서 가장 아름다운 것처럼 나는 돌아왔다. Ho fatto quel ritorno come la cosa piú bella della mia vita)[15], 그 동안의 고통스러웠던 삶에 대한 기억을 완전히 지우는 역할을 한다. 하지만 주인공의 희망찬 귀향과는 반대로 주인공을 기다리는 것은 수도원에서 굶주림에 시달리다가 결핵에 걸려 죽을 지경에 이른 동생 에밀리오의 절망적인 귀향이다. 아들을 살리고자 하는 주인공 어머니의 간절한 기도는 최후의 절규와도 같다.

Non chiamarmi prima che abbia chiuso gli occhi a mio povero figlio Emiglio. Poi dopo son contenta che mi chiami, se sei contento tu.[16]

제가 제 불쌍한 아들 에밀리오의 눈을 감기기 전에는 저를 부르지 마소서. 그 이후에는 당신이 원하신다면 저를 부르셔도 좋습니다.

『파멸』에 나타난 서술방법은 신사실주의 작가인 파베제의 『언덕위의 집 La casa in collina』, 모라비아 A. Moravia의 『로마의 여인 La romana』등에서와 마찬가지로 일인칭 서술자 시점이다. 서술자는 대부분 주어진 사건에서 주인공이며 동시에 증인의 역할을 수행한다. 독자는 이야기되어지는 상황 속에 관련된 서술자를 즉시 알아 볼 수 있으며, 독

---

14) Ivi, p. 435.

15) Ivi, p. 436.

16) Ivi, p. 438.

자와의 대화는 직접적이며 점차적으로 독자의 눈앞에서 전개되는 개인적인 이야기로 구성되어 있다. 이러한 서술 방식은 현실적인 면을 강조하는데 매우 유용하다. 이와 같은 일인칭 서술자 시점은 특히 다큐멘터리적 작품에 많이 사용되었다.

주인공 아고스티노의 역할은 이야기 속에서 자신의 내면적 삶에 중요성을 부여하기보다 자신과 자신의 가족에게 발생하는 사건들 앞에 서있는 자신의 행동을 묘사하고 자신의 '비참한 인생vita grama'에 관한 이야기를 나타내는 것이다.

> Avevo appena sotterato mio padre e già andavo a ripigliare in tutto e per tutto la mia vita grama, neanche la morte di mio padre veniva a cambiarmi il destino.[17]
>
> 나는 이제 막 나의 아버지를 장사지냈다. 그리고 나서 벌써 나는 비참한 인생을 완전히 다시 시작하기 위해 가고 있었다. 아버지의 죽음조차도 나의 운명을 바꾸지 못했다.

주인공 아고스티노와 서술자 아고스티노 사이에는 거리가 존재한다. 이러한 거리사이로 서술자는 순간적으로 아주 짧게 단순한 진술 형태를 취하면서 등장한다 (불쌍하기도 하지. 하지만 그 때 난 그런 상태이었다. Roba da far pena, ma allora ero forgiato così).[18]

『파멸』에 나타난 작가의 언어적 특징 중에서 가장 대표적인 것은 상기한 몇몇 인용문에도 나타나 있듯이 'come (- 처럼)'의 사용이다. 작가는 'come'를 사용하여 사실적인 효과를 더욱 강조하고 있는데 이러한 현상은 특히 작품의 초반부에 잘 나타나 있으며, 비유 대상은 사물뿐만이 아니라 심적(心的)인 측면까지 포함하고 있다.

주인공이 아버지의 장례식을 마치고 귀가하던 도중 자살을 생각하고 소용돌이가 있는 곳으로 가려다가 다시 집으로 향하는 장면을 보자.

> Invece tirai diritto, perché m'era subito venuta in mente mia madre che non ha mai avuto nessuna fortuna, e mio fratello che se ne tornava in seminario

---

17) Ivi, p. 371.
18) Ivi, p. 383.

con una condanna come la mia.[19)]

하지만 나는 곧장 걸었다. 왜냐하면 마음속에 아무런 행운도 얻어 본적이 없는 어머
니와, 나와 같은 선고를 받고 수도원으로 돌아가는 동생이 떠올랐기 때문이었다.

다음은 죽을 때가 가까워온 나이든 여선생이 빚을 갚지 않아도 좋다고 주인공의 부모
에게 말하면서, 대신에 에밀리오를 신부가 되게끔 수도원에 보내라는 부탁을 했을 때의
에밀리오의 모습이다.

Emilio non disse niente, <u>come</u> niente dissi io davanti a Tobia Rabino che
diventava mio padrone.[20)]
에밀리오는 마치 내가 나의 주인이 된 토비아 라비노 앞에서 아무런 말도 하지 않
았던 것처럼 아무 말도 하지 않았다.

이 외에도 주인공이 자신을 양에 비유한 '마치 내가 부활절 시기의 양인 것처럼
come se io fossi un agnello in tempo di Pasqua'[21)]과 같은 표현에서도 자신을 희생
을 뜻하는 양과 비유함으로써 앞으로 일어날 사건을 예시하고 있다. 이 외에도 'come'는
사물의 형상을 표현하기 위해 사용되었다.

Il muro verso Belbo gonfio <u>come</u> la pancia d'uno che ha il mal dell'acqua
[...].[22)]
물을 잘못 마셔서 아픈 사람의 배처럼 부풀어 오른 벨보강(江) 쪽으로 향해있는 담
벼락은 [...].

『파멸』에 나타난 죽음의 이미지는 『불의 날Un giorno di fuoco』에 이르러 구체화된
다. 『불의 날』은 페놀리오가 『친척들의 이야기Racconti del parentado』라고 부르고자 했

---

19) Ivi, p. 371. 밑줄은 필자의 것임.

20) Ivi, pp. 375-376.

21) Ivi, p. 376.

22) Ivi, p. 436.

던 작품으로 작가가 사망한 후 1963년에 출판된 단편 모음집의 제목이며, 동시에 제일 첫 부분에 실린 작품이다.23)

가난한 농민인 피에트로 갈레시오Pietro Gallesio는 총으로 남동생과 조카, 교구 사제를 죽인 후 경찰과 대치하다 자신도 자살한다. 이 작품은 아버지가 자살하려다가 포기하는 이야기를 그린 『소용돌이 Il gorgo』경우처럼 사건이 일어나기까지의 구체적인 배경이 생략되어 있다. 하지만 그 원인은 여러 작품에서 나타난 것과 마찬가지로 가난이다. 비극적인 사건의 공간인 고르제뇨Gorzegno 또한 비참한 농민들의 삶의 공간인 산 베네뎃토 벨보와 마찬가지로 고(高)랑게에 위치하고 있다.

이 작품의 마지막 부분에서 화자의 숙부는 숙모에게 갈레시오가 어떻게 죽었는지 설명한다. 여기에는 어떠한 은유나 유추도 포함되어 있지 않다.

> Non l'hanno ammazzato i carabinieri. Si è sparato lui, in bocca, con l'ultima cartuccia, e naturalmente non s'è sbagliato.24)
> 경찰들이 그를 죽인 것이 아니야. 그가 마지막 남은 실탄으로 자신의 입에 대고 쏘았어. 당연히 빗나갈 리가 없지.

이 설명을 들은 숙모는 죽은 영혼들을 위해 기도한다. 기도는 랑게 여인들의 삶의 바탕이요 마지막으로 기댈 곳이다. 무지함에 대한 고백은 곧 작가의 고백이기도 하다.

> Io scappo in chiesa a pregare per le anime delle vittime di Gallesio e anche per l'anima sua. E chiederò al signore che ci perdoni tutti e ci illumini, perché tutto il male che capita su queste langhe la causa è la forte ignoranza che abbiamo.25)

---

23) 이 단편 모음집을 구성하고 있는 이야기들에 관하여 페놀리오는 칼비노에게 보낸 1961년 1월 31일자 편지에서 다음과 같이 말하고 있다. "이 이야기들은 모두 내가 태어난 랑가를 배경으로 하고 있으며, 내 아버지의 친척들을 토대로 하였으므로, 책이 완성되면, 『친척들의 이야기』라고 훌륭하게 제목을 붙일 수 있을 것이다.[...] Poiché questi racconti sono tutti ambientati nella mia nativa Langa e tirano in ballo i miei parenti paterni, il volume se si facesse, potrebbe egregiamente intitolarsi *Racconti del parentado* [...]." De Nicola, Francesco, *Introduzione a Fenoglio*, Bari, Laterza, 1989, p. 126.

24) Fenoglio, *Un giorno di fuoco*, p. 456.

갈레시오가 죽인 희생자들의 영혼과 또한 갈레시오의 영혼을 위하여 기도하려 성당
에 빨리 갔다 올게요. 하느님께 우리 모두를 용서하시고 우리에게 은총을 달라고 기
도하겠어요. 왜냐하면 이 랑게에서 발생하는 모든 나쁜 일들의 원인은 우리의 커다
란 무지함 때문이지요.

이 작품에서의 문체적 특징은 『파멸』에서와 마찬가지로 'come(~처럼)'의 사용이다.

> Rientrò in casa e subito ne rispunò, con la colazione per me: due tagli di
> pane ovali e pallidi come pesci, [...]. Anche a lui diede da mangiare, una
> pagnotta grande come un capello [...].[26)]
> 집에 들어온 숙모는 나에게 줄 아침식사로 타원모양이며 생선처럼 창백한 두 조각
> 의 빵을 가지고 다시 나타났다. (중략). 또한 그에게도 먹을 것, 모자처럼 커다랗고
> 둥근 빵을 주었다. [...].

단편집 『불의 날』에 포함되어 있는 세금 징수원과 세금을 내지 못하는 농민 사이의
이야기를 그린 『새내기 세금 징수원의 이야기La novella dell'apprendista esattore』또한
단편 『불의 날』과 유사한 측면을 지닌다.

『새내기 세금 징수원의 이야기』의 주인공인 다비테 코라Davide Cora는 『불의 날』의
주인공인 갈레시오와 동일한 인물이다. 그는 세금을 지불하라는 요구에 총으로 대답한다.
또 다시 주인공의 행동과 태도를 결정하는 것은 생활의 비참함이다. 농민의 죽음은 이야
기의 첫 부분부터 나타나 있다. 다비데 코라는 그의 친구인 아메데오Amedeo에게 자신이
왜 그러한 행동을 하는지 설명하고자 하며, 경찰들의 개입은 오히려 주인공의 죽음을 가
져오는 도구이다.

단편 『불의 날』과 마찬가지로 『새내기 세금 징수원의 이야기』는 일인칭 서술자 시점
이지만 두 이야기 모두 『파멸』과는 달리 이야기의 주인공으로서의 역할은 없다. 서술자는
자신을 드러내지 않고, 사건을 직접 경험한 증인으로서 나타난다. 어린이가 서술자로 등

---

25) Ivi. p. 457.
26) Ivi, p. 443.

장하는 『불의 날』과는 달리 『새내기 세금 징수원의 이야기』의 경우에 작가는 이 작품의 첫 페이지 각주에 서술자가 자신의 친척인 '발레리오 페놀리오 Valerio Fenoglio'라는 것을 표시함으로써 실재했던 이야기라는 것을 알리고 있다.[27] 이와 더불어 단편 『불의 날』과는 달리 서술자는 과거와 내면세계에 대해 묘사하지 않는다. 그러므로 다비데 코라에 관한 이야기는 이야기 자체에 초점이 맞추어지며, 죽음으로 결론지어지는 그의 행동은 비참함으로부터 벗어나려는 모든 시도가 헛됨을 나타낸다.

　이러한 상황에서 유일하게 할 수 있는 것 또한 기도이다.

> Disse Giulio, con le mani sugli occhi: - Non resterebbe che pregare, se ne fossimo capaci.
> - Pregare chi? - sbottò Menemio.
> - Lo faranno le nostre nonne che son rimaste a casa.[28]
> 눈에 손을 얹고 쥴리오가 말했다. "할 수 있다면, 기도밖에 할 것이 없어.
> "누가 기도하지?" 메네미오가 내뱉었다.
> "집에 남아 있는 우리네 여인들이 할거야".

　『안녕 L'addio』은 가난 때문에 학교에 더 이상 다니지 못하고 황량한 랑가에서 양치기를 하는 가련한 소년의 이야기이다. 어느 날 이 소년은 비슷한 처지의 넬라 Nella라는 소녀를 만나게 되고 그녀를 짝사랑하게 된다. 하지만 그녀 또한 가난한 삶 때문에 그 곳을 떠나야만 하고, 그녀가 떠나 간 후 집에 돌아 온 소년은 먼 곳에 하인으로 갈 준비를 한다.

　이 이야기는 『파멸』에 나타난 아고스티노와 페데와의 사랑을 회상하게 하며, 가난은 이 소년의 미래를 아고스티노와 같은 운명의 길을 걷도록 하는 원인이다.

> Lui seppe la mattina che partivano e uscì dal letto e da casa come un topo.
> Andò a nascondersi dietro una gaggia, prima dell'ultima curva della pedaggera

---

27) Ivi, p. 513.

28) Fenoglio, *La novella dell'apprendista esattore*, p. 524.

al mare. Aspettò lì e vide poi venir su il carro pieno di masserizie e le persone aggrappate a quelle. Gli passarono davanti e lui vide bene un'ultima volta la treccia unica ed il profondo sguardo di lei. Andò dietro per un tratto, avanzando curvo dietro la gaggia. Sul carro erano tutti silenziosi e nussuno si voltava indietro. [...] Lui non seguì oltre, perché l'aveva vista bene Nella e poi l'ultima curva della pedaggera era per lui la fine del mondo.

Se ne tornò a casa, così pronto e disposto, adesso, ad andare lontano da servitore.[29)

그는 그들이 아침에 떠난다는 것을 알았다. 그래서 침대에서 일어나 쥐처럼 집을 나왔다. 그는 바다 쪽으로 난 길의 마지막 모퉁이 직전에 있는 아카시아 나무 뒤로 몸을 숨겼다. 그는 그곳에서 기다렸고, 가재도구를 가득 싣고, 그 가재도구를 움켜 쥔 사람들이 마차를 타고 오는 것을 보았다. 그들은 그 앞을 지나갔고, 그는 마지막으로 유일한 자취와 그녀의 움푹 패인 시선을 자세히 보았다. 그는 아카시아 나무 뒤에서 모퉁이 쪽으로 나아가면서 어느 정도 그 뒤를 따라갔다. 마차 위에 있는 사람들은 모두가 말이 없었고 어느 누구도 뒤를 돌아보지 않았다. [...] 그는 더 이상 따라가지 않았다. 왜냐하면 그는 넬라를 자세히 보았기 때문이었고, 그에게 바다 쪽으로 난 길의 마지막 모퉁이는 세상의 종말이었다.

그는 집으로 돌아왔고, 이제는 먼 곳에 하인으로 갈 준비를 하였다.

『파멸』, 『불의 날』, 『새내기 세금 징수원의 이야기』, 『안녕』에 등장하는 인물들은 가난 때문에 머슴이 되어야만 하는, 세상을 떠나야만 하는, 사랑하는 사람과 헤어져야만 하는 농민들이다. 이와 같이 가난으로 인한 랑게 농민들의 고통스럽고 절망적이고 슬픈 삶의 이야기들은 상기한 작품 이외에 밤새도록 카드놀이를 하다가 돈을 전부 잃고 절망에 빠져 자살을 기도하는 작가의 숙부 파코Paco에 관한 이야기인 『나의 사랑 파코Ma il mio amore è Paco』, 자살하기 위해 소용돌이로 향하는 아버지의 의도를 눈치 채고 따라 감으로써 아버지가 자살을 포기하는 이야기를 그린 『소용돌이』등에도 사실적으로 나타나 있다.

---

29) Fenoglio, *L'addio*, pp. 606-607.

페놀리오는 이러한 이야기를 통하여 농민들의 고통스러운 역사를 사실적으로 나타내고 있다.

5) 결 론

페놀리오의 문학에서 사실주의란 현실을 묘사하기보다는 표현하는 것이며, 확인하기보다는 드러내는 것이라고 할 수 있다. 작가는 자신이 태어나고 자란 랑게를 무대로 펼쳐지는 농민들의 가난과 고통 그리고 그에 따른 죽음을 미화하지 않고 사실적으로 표현하고 있다. 작가는 농촌의 비참한 상황에 대하여 뛰어난 사실적 형상화를 통해 기억과 현실에 대한 감동을 불러일으킴으로써 리얼리즘의 아름다움을 보여주고 있는 것이다.

특히 『파멸』에서 작가는 가난을 있는 그대로 조형하여 현실을 드러내 제시함으로써 이 작품은 가난한 현실을 다루되 리얼리즘의 핵심적인 요구조건을 적절히 수용한 혹은 가난한 현실의 전형성을 풍부하게 나타낸 소설이라고 할 수 있다.

『불의 날』과 『새내기 세금 징수원의 이야기』에 나타난 농민의 죽음과 『안녕』에 나타난 소년의 상황의 근본적인 원인은 마찬가지로 가난으로 작가의 작품 중에서 농촌 생활을 다룬 작품의 기본적이고, 공통된 속성은 가난에 의한 비참한 삶이다.

페놀리오는 서술자와 주인공이 다른 일인칭 서술자 시점을 주로 사용하여 자서전인 면을 피하면서 농민들의 비참한 세계를 가장 효과적으로 나타내고자 하였으며, 사물의 형상뿐 만 아니라 인물의 정신적 상태를 나타내기 위하여 'come(~처럼)'를 사용함으로써 시각적 효과를 추구하였다.

마지막으로 이 연구는 현재까지 이루어지지 않은 우리나라와 이탈리아의 농촌문학 비교 연구의 가능성을 모색하는 계기가 될 수 있으리라 생각한다.

참고문헌

Fenoglio, Beppe, Opere, edizione critica diretta da M. Corti, vol. II, III, Torino, Einaudi, 1978.

Beppe Fenoglio oggi, a cura di Giovanna Ioli, Milano, Mursia, 1991.

De Nicola, Francesco, *Fenoglio partigiano e scrittore*, Roma, Argileto, 1976

__________, *Introduzione a Fenoglio*, Bari, Laterza, 1989.

Falcetto, Bruno, *Storia della narrativa neorealista*, Milano, Mursia, 1992.

Fenoglio, Marisa, *Casa Fenoglio*, Palermo, Sellerio, 1998.

Grignani, Maria Antonietta, *Beppe Fenoglio*, Firenze, Le Monnier, 1981.

Lagorio, Gina, *Beppe Fenoglio*, Venezia, Marsilio, 1988.

Lajolo, Davide, *Fenoglio*, Milano, Rizzoli, 1978.

Mauro, Walter *Invito alla lettura di Fenoglio*, Milano, Mursia, 1988.

Pampaloni, Geno, *Beppe Fenoglio*, in Storia della *letteratura italiana*, diretta da E. Cecchi-N. Sapegno, Milano, Garzanti, 1987, vol. X, t. II,

Saccone, Eduardo, *Fenoglio, i testi, l'opera*, Torino, Einaudi, 1988.

Soletti, Elisabetta, *Beppe Fenoglio*, Milano, Mursia, 1987.

Corti, Maria, *Realtà e progetto dello scrittore nel Fondo Fenoglio*, in 《Strumenti Critici》, n. 11, febbraio 1979.

Rizzo, Gino, *Per un itinerario letterario: le Langhe di Beppe Fenoglio*, in 《Nuovi argomenti》, n.s., 35-36, settembre- dicembre, 1973.

Ritratti su misura di scrittori italiani, a cura di Elio Filippo Accrocca, Venezia, Sodalizio del libro, 1960.

버너드 M.W.녹스 외, 『세계문예사조사』, 이재호 외 옮김, 서울, 을유문화사, 2000.

이기철, 「페놀리오의 작품에 나타난 물의 이미지」, 《이어이문학》 제 6집 1권, 한국이어이문학회, 2000.

최유찬, 『문예사조의 이해』, 서울, 실천문학사, 1998.

2. 벱페 페놀리오의 작품에 나타난 물의 이미지

1) 서 론

페놀리오의 작품세계는 두 가지 테마, 농촌의 삶에 관한 테마와 레지스탕스 운동에 관한 테마를 다루고 있다.

농촌의 삶 또는 일상적인 사건들을 다룬 작품으로는 총 12개의 단편으로 구성되어 있는 『알바시에서의 23일 I ventitre giorni della città di Alba』 중 후반부 6개의 단편과 『파멸 La malora』, 『토요일의 대가 La paga del sabato』, 『불의 날 Un giorno di fuoco』등이 있으며, 이들 작품에 나타난 '랑게' 지역에 한정되고 있는 농촌의 세계는 도시와 대비된다든가 또는 같은 지역 출신의 작가 파베제의 작품에 나타난 것과 같이 돌아갈 수 없는 신화의 세계인 고향도 아니다. 농촌 세계는 단지 현실과 저항의 무대로 비춰지고 있을 뿐이다.

레지스탕스 운동에 관한 작품으로는 단편집 『알바시에서의 23일』 중 전반부 6개의 단편과 『아름다운 봄 Primavera di bellezza』, 『빨치산 죠니』그리고 『사적인 문제 Una questione privata』가 있다. 이 작품 속에서 나타나는 빨치산 대원들의 전쟁과 에피소드의 무대 또한 근본적으로 농촌의 삶을 다룬 배경과 마찬가지로 랑게 지역에 일치하고 있다. 페놀리오 작품에 항상 나타나는 유일한 공간인 랑게 지역은 작가의 인생과 매우 밀접한 연관을 가지고 있으며 작가의 예술적 기능과 역량을 형성하는 데 있어서 근본적이고 필수 불가결한 요소이다.

레지스탕스 작품의 내용적인 면을 살펴보면, 페놀리오는 나치-파시스트들과의 전투에서 승리하고 패배하는 것을 있는 그대로 전달하는 점과, 빨치산들의 공포심, 도망, 절망, 패배 그리고 분노 등을 숨김없이 그리고 있다는 점에서 항상 빨치산들의 승리로 미화시키는 여러 다른 작가들과는 다르다. 또한 페놀리오는 역사적 사실에 근거하여 군사적인 측면에서 빨치산에 대한 파시스트들의 우위를 인정하고 있으며, 빨치산의 죽음은 결코 도덕적 승리가 아니라 영원히 돌이킬 수 없는 사건으로써 모든 것의 종말을 의미한다.

페놀리오의 거의 모든 작품에서 발견할 수 있는 가장 큰 특징 중의 하나는 자연적 요소, 그 중에서도 특히 비, 안개, 바람 등과 같은 기후적 요소의 사용이다. 이러한 자연적 요소들은 단지 서술의 배경으로서가 아니라 일련의 주역으로까지 그 역할을 담당하고 있다.

본고에서는 작품의 간단한 소개와 더불어, 이에 공통적으로 등장하는 물과 관련된 요소의 이미지와 그 상징성에 대해 텍스트를 중심으로 다루었다. 먼저 농촌의 삶을 테마로 한 작품을 그 다음으로 레지스탕스 운동을 테마로 한 작품을 살펴보기로 한다.[1]

2) 물의 이미지

『푸른 물 L'acqua verde』은 단편집 『알바시에서의 23일』에 실려 있는 작품으로서 가축 장수인 작가의 숙부인 파코Paco의 조수, 에우제니오 타룰라Eugenio Tarulla가 강물에 뛰어들어 자살한 내용을 그린 이야기이다. 주인공의 자살 동기는 나타나 있지 않으나, 물과 관련하여 제목 자체가 이미 상징적인 암시를 주고 있는 '푸른 물'이라는 표현은 이야기의 맨 마지막 부분에 다시 한 번 나타남으로써 문자적인 가치와 더불어 상징적인 의미를 나타내고 있다. 또한 '푸른 물'이라는 제목과 동일한 표현은 거의 반복되지 않으나, 텍스트 상에서 물의 이미지는 '강(fiume)', '물결(corrente)', '깊은 물(acqua alta, acqua profonda)', 등의 용어를 통하여 지속적으로 나타나 있다.

> 그는 물 가까이에서 강을 관찰하였다. 그는 눈으로 30 발자국 정도 강을 따라갔고, 그 곳에서 그는 삶을 마감할 것이라는 것을 알고 있었다. 그리고 그는 물 색깔이 변하는 것을 보고 놀랐다. 물결은 회색 빛 쇠 색깔이었고, 깊은 물의 표면은 푸른 색 이었다. 그는 매우 가까운 곳에 있는 물결과 그 표면을 관찰하였고, 그 속에서 [...]
> 그는 무릎을 구부리고 생각에 잠겼다. "간단해. 물결 속으로 들어가는 거야. 물결에 나를 맡기기만 하면, 물결이 스스로 나를 깊은 물속으로 데려가겠지."[2]

---

1) 텍스트로는 Beppe Fenoglio, *Opere*, edizione critica diretta da M. Corti, vol. I, II, III, Torino, Einaudi, 1978를 사용하였음.

비 내리는 장면이 작품 전체를 뒤덮고 있는 작품 『비와 신부(新婦)Pioggia e la sposa』는 단편집 『알바시(市)에서의 23일』과 작가가 사망한 직후인 1963년에 단행본으로 출간된 단편집 『불의 날』에도 실려 있는 작품이다. 비평가인 지나 라고리오G. Lagorio가 "2차 세계 대전 후에 발표된 단편 중에서 가장 아름다운 작품 중의 하나"이다 라고 극찬한 이 작품은 억수같이 내리는 비를 뚫고 해설자인 아이와 그의 숙모, 그리고 신부(神父)인 숙모의 아들이 신부(新婦)집에 식사를 하러 가는 모습을 그리고 있다.

> 때리는 듯한 비 때문에 나는 고개를 숙일 수밖에 없었고, 다리 사이로 굵고 빠르게 지나가는 그 엄청난 물 때문에 나는 머리가 어지러웠다.[3]

'다리 사이로 굵고 빠르게 지나가는 그 엄청난 물'의 이미지는 뱀의 이미지와 조합된다.

> 숲의 가장자리에서 끝 쪽에 있는 평야를 보았을 때, 냇물이 범람하는 것이 보였다. 물은 뱀이 마치 그들의 둥지 가장 자리를 넘어가는 것처럼 강둑을 넘어가고 있었다.[4]

『비와 신부』에서 비는 '물acqua'이라는 표현 이외에 '황토빛 물acqua bruna', '깊은 흙탕물acqua fangosa alta)', '홍수diluvio' 등으로 표현되고 있다.

1954년에 출간된 페놀리오의 두번째 작품 『파멸La malora』은 "페놀리오의 작품 중에서 가장 드라마틱한 작품"[5]으로 여겨지고 있는 중편 소설로서, 작품의 제목 자체가 암시하듯이 랑게 지역에 살고 있는 가난한 농민의 슬픈 이야기를 그리고 있다. 이 작품은 가난함을 이기지 못해 다른 집에 머슴으로 팔려간 주인공 아고스티노가 자기 자신과 가족, 자신의 땅 그리고 비천함 속에 살아가는 사람들의 이야기를 작가의 아버지 고향이며, 작가가 어릴 적에 친척집에 기거하면서 방학을 보낸, 그리고 작가 스스로 '이 세상에서 가장 슬픈 마을'[6]이라 일컬어지는 산 베네뎃토를 배경으로 그리고 있다. 이 작품에서 죽

---

2) B. Fenoglio, *L'acqua verde*, cit., p. 342.

3) B. Fenoglio, *Pioggia e la sposa*, cit., p. 364.

4) 같은 책, 365쪽

5) W. Mauro, *Invito alla lettura di Fenoglio*, Milano, Mursia, 1988, p. 58.

음은 아버지의 죽음을 알리는 작품의 첫 장면부터, 수도원에서 결핵에 걸려 집으로 돌아온 주인공의 동생 에밀리오의 죽음을 암시하는 맨 마지막 부분까지 끊임없이 나타나고 있다.

작품의 첫 장면은 아버지의 사망 소식을 전해들은 주인공이 집으로 돌아와 장사(葬事)를 지낸 직후에 비오는 장면으로부터 시작된다. 이 비는 아버지의 죽음을 알리고 주인공의 슬픔을 나타낸다고 할 수 있다.

> 모든 랑게 지역에 비가 내리고 있었다. 저 위에 있는 산 베네뎃토에서 아버지는 처음으로 지하에서 비를 맞고 계셨다.[7]

자신을 머슴으로 고용한 토비아의 집을 향하여 다시 길을 나섰을 때, 주인공은 자살을 생각하지만 가련한 어머니와 동생을 생각하여 포기한다. 여기에서 소용돌이는 주인공의 죽음, 자살을 의미한다.

> 나는 이제 막 나의 아버지를 장사지냈다. 그러고 나서 벌써 나는 고통스러운 인생을 완전히 다시 시작하기 위해 가고 있었다. 아버지의 죽음조차도 나의 운명을 바꾸지 못했다. 나는 오른 쪽으로 가로질러 벨보 강에 갈 수 있었고, 그곳에서 상당히 깊은 소용돌이를 찾을 수 있었다.[8]

주인공이 자신을 고용한 주인과 더불어 듣기만 했던 알바를 향해 언덕을 내려 갈 때 보이는 타나로 강 역시 죽음의 장소로 나타나 있다.

> 나는 종탑과 탑들 그리고 집들의 담들을 그리고 나서 다리와 한 번도 본적은 없지만 평지에서 굉장히 멀리 떨어진 곳에서도 단지 물살 소리만으로도 상상 할 수 있

---

6) C. Cocito, *Ricordo di Beppe Fenoglio*, in <<Cuneo, provincia granda>> agosto 1964, p. 33, ora in G. Rizzo, *Per un itinerario letterario: le Langhe di Beppe Fenoglio*, in <<Nuovi argomenti>>, n.s., 35-36, settembre-dicembre, 1973, p. 227.

7) B. Fenoglio, *La malora*, cit., p. 371.

8) 같은 쪽.

는 커다란 물줄기를 지닌 강을 머릿속에 새겨 넣었다. 그 곳 타나로 강에서 많은
랑게 사람들이 목숨을 끊으려고 몸을 던졌다고 한다.[9]

소용돌이의 상징성은 제목 자체가 이미 그 의미를 담고 있는 단편 『소용돌이 Il gorgo』에서 또 다시 나타난다. 『소용돌이』는 아버지가 자살하기로 결심했다는 것을 눈치 챈 아들이 아버지를 계속해서 뒤따라감으로써 아버지가 자살을 포기한다는 이야기이다.

아버지는 소용돌이로 향하기로 결심했다. 우리 대가족 중에서 아홉 살이며 막내인
나만이 그것을 알아차렸다.[10]

또한 작품의 마지막 부분에서 소용돌이는 악의 상징이라고 할 수 있는 뱀과 연결된다.

소용돌이는 울창한 풀고사리 바로 뒤에 있었고, 움직이지 않는 물은 마치 뱀의 가죽
과 같았다.[11]

물에 관련된 요소는 페놀리오 사망 직후에 출판 된 단편집 『불의 날』에 실려 있는 작품들에서도 잘 나타나 있는데, 특히 『수페리노 Superino』에 나타난 소용돌이의 이미지 는 다른 작품에서도 언급된 뱀과의 비유와 더불어 사물들의 형상을 사후의 세계와 연관 시키고, 자살에 얽힌 에피소드를 삽입함으로써 이미 이전에 언급한 작품들의 경우보다 더 욱 풍부하게 묘사되어 있다.

『수페리노』는 해설자인 내가 시골에 갔다가 빨강 머리 소년(머리카락이 붉은 색인) 수페리노를 알게 되고, 9년이 지난 후 어느 날 나는 다시 그곳을 방문했다가 숙모로부터 수페리노가 신부와 여선생 사이에서 태어난 자식이라는 것을 알게되어 부끄러움을 견디지 못해 벨보 강의 소용돌이에 빠져 자살했다는 소식을 전해 듣는다는 내용이다.

---

9) 같은 책, 382쪽

10) B. Fenoglio, *Il gorgo*, cit., p. 7.

11) 같은 책, 8쪽

"이게 소위 말하는 소용돌이야" 하고 그는 나에게 속삭였다.

"알아" 나는 단숨에 말하고는 마치 뱀의 가죽과 같이 깊고 다양한 색깔의 물을 곁눈으로 응시하였다. 물은 마치 얼어붙은 것처럼 전혀 움직이지 않았지만, 물에 잠긴 나무 뿌리와 가지는 마치 연옥의 영혼들처럼 흔들거리고 있었다.

"이 소용돌이에서 2년 전에 모렛티 집안의 조금 모자라는 가련한 여자를 임신시켰다고 고소를 당한 피에트로 코뇨가 익사했어." 하고 수페리노는 말을 거의 분절하다시피 하면서 천천히 말했다. "일 년 전에는 자신의 아버지로부터 베르나 방앗간에 회원이 되는데 필요한 돈을 거절당한 우고 파죠네가 마찬가지로 이 소용돌이에서 자살했어. 무섭지?"

"물이 무섭다고?" 나는 질문을 회피하면서 대답했다.[12]

『불의 날』에 실려 있는 또 다른 작품 『나의 사랑 파코Ma il mio amore è Paco』는 작가의 숙부인 파코에 관한 이야기이다. 어느 날 파코는 밤새도록 카드놀이를 하다가 돈을 전부 잃는다. 절망에 빠진 그는 자살하기 위하여 우물로 간다.

숙부는 고개를 숙인 채 우물을 향해 걸어갔다. 우물에 이르러 숙부는 허리를 굽혔고, 머리는 허공 속에서 흔들거렸다. 숙부는 무엇인가를 중얼거렸고, 그 메아리는 우물 속에서 요동쳤다. 그 우물 속에서 숙부는 숙모를 부르고 있었다. [...]
마침내 질투심이 발동했고, 숙모는 얇은 셔츠를 목에 추스르면서 창가에 다가섰다.
"우물에서 무엇을 하고 있어요? 파코, 무엇을 하고 있느냐구요? 얼른 나오지 못해요!"
"안녕, 줄리아" 하고 숙부는 짤막하게 말했다.
"도대체 무슨 짓이에요? 죽으려고……?"
숙부는 그렇다고 고개를 끄덕이고 밑으로 떨어지려 하였다.[13]

비록 주인공은 자살을 포기하지만 우물은 주인공의 행동과 주인공 아내의 언급에 나타나 있듯이 죽음을 나타낸다.

---

12) B. Fenoglio, *Superino*, cit., pp. 489-490.

13) B. Fenoglio, *Ma il mio amore è Paco*, cit., pp. 484-485.

농촌의 삶을 그린 작품에서 물의 이미지는 작품에 따라 인물, 내용 그리고 사건에 직접 또는 간접적으로 연관되어 있다. 물과 관련된 요소로서는 비, 강, 소용돌이 그리고 우물 등으로 나타나고 있으며, 이들은 죽음의 상징이 되고 있다.

페놀리오의 처녀작으로 1952년에 출판된 열 두 편의 단편 모음집 『알바시에서의 23일』의 대표적인 작품이며 제목이 동일한 『알바시에서의 23일』은 작품 제목에서 짐작할 수 있듯이 피에몬테Piemeonte주에 위치한 랑게 지역에서 가장 큰 도시인 알바시(市)를 점령할 때부터 다시 빼앗길 때까지 레지스탕스 대원과 파시스트들과의 23일간에 걸친 전투를 역사적 사실을 바탕으로 서술한 작품이다.

물과 연관된 요소 중의 하나인 비는 이 작품에서 진흙과 함께 거의 모든 장면을 뒤덮고 있으며, 끝없이 내리는 억수같은 비로 불어난 강물은 적(敵) 보다 더 무서운 존재로 나타나고 있다.

> 10월 말 경에 산과 들에 비가 내렸고, 엄청나게 불어난 타나로 강은 마치 서 있는
> 것 같았다. 그곳에서 사람들은 신(神)의 모습을 보았고, 큰비가 잠시 멈춘 사이에
> 강둑으로 몰려와서는 고개를 끄덕이면서 수위(水位)를 조사하였다. 비는 밤낮없이
> 내렸고, 야간 순찰대는 기침을 하면서 부대로 돌아왔다. 사람들이 공화국을 더 이상
> 두려워하지 않고 강물을 두려워하기 시작할 정도로 강물은 불어났다.[14]

비는 시민들뿐만 아니라 군인들을 놀라게 하고, 비참한 조건에서 싸우는 빨치산 대원들의 행동을 제한하며, 잠시도 쉴 틈을 주지 않는다. 전쟁의 폭력과 자연의 폭력은 동일시된다.

> 그들은 미롤리오 농가를 방어했고, 그 뒤쪽에서 또 다시 두 시간 동안 엄청난 총알
> 과 빗속에서 알바시(市)를 방어했다.[15]

작가의 대표작이면서 미완성 작품으로서 빨치산인 주인공 죠니가 그의 동료들과 더불

---

14) B. Fenoglio, *I ventitre giorni della città di Alba*, cit., pp. 232-233.

15) 같은 책, 240쪽

어 나치-파시스트들에 대항하는 활동과 그 에피소드를 그린 작품인 『빨치산 죠니』에서도 물의 이미지는 다른 자연적 요소들인 안개, 바람, 눈 등과 더불어 지속적으로 나타나고 있다. 비는 빨치산들의 행동에 방해적인 요소로써 그리고 육체적인 에너지의 소모를 초래하는 요소로써 묘사되고 있다. 전투 중에 비는 기관총의 사격과 더불어 분위기를 일종의 금속처럼 묘사되고 있으며, 모든 것을 지워버리는 역할을 하고 있다.

> 기관총은 쉴 틈 없이 쏘아대고 있었으나 더 비켜나갔다. [...] 억수같이 내리는 빗속
> 에서 모든 것은 축소되었고, 사라졌다.[16]

빗속에서 알바시(市)는 마법에 걸린 거대한 짐승처럼, 포플러나무는 커다란 뗏목으로 나타나며, 강은 야수처럼 나타난다.

> 엄청나게 불어나고, 팽창되고, 꽉 채워진 강물은 마치 사냥감을 소화시킨 후의 야수
> 처럼 시끄러운 빗소리보다도 더 크게 소리내었다.[17]

농촌의 삶을 테마로 한 작품에서와는 달리 레지스탕스 운동을 다룬 작품에 등장하는 강(江)은 지형적인 의미로써 적군과 아군 사이를 구분하는 역할과 더불어 삶과 죽음의 경계선적인 상징적 의미를 지니고 있다. 랑게 계곡에 대대적인 수색 작업이 벌어질 무렵, 죽음의 위협을 피하고자 주민들을 비롯하여, 죠니와 그의 동료들은 강을 건너려고 한다.

> "왜 강을 건너야 해?" 하고 피에레가 질문하였다.
> "건너편은 아주 조용하기 때문이지."[18]

강을 향한 긴 여정 끝에 죠니와 그의 동료들은 마침내 강가에 도착하여 관목사이에 몸을 숨기고 강(江)을 관찰한다.

---

16) B. Fenoglio, *Il partigiano Johnny*, cit., 1027.

17) 같은 책, 1014쪽

18) 같은 책, 1058쪽

죠니는 먼 곳까지 응시하였다. C3 평야 너머로 마치 봄처럼 태양 아래서 더할 나위
없이 빛나고 있는 축복 받은 푸른 강을 다시 한 번 쳐다보았다.[19]

주인공과 동료들이 수많은 어려움을 극복하고 무사히 강을 건너자 비가 내리기 시작
한다. 이 경우의 비는 등장인물들의 심적 상태를 반영하고 있다.

이제 그들은 산책도 하고, 잠시 쉬고, 담배도 피우고, 콧노래를 흥얼거릴 수 있었다.
하늘에서 미세한 가루 같은, 꿈이 아니라 실제로 그들이 살아있고 구원되었다는 것
에 대해 너무나 기쁜 것처럼 가볍고 신선하고 기분 좋은 이슬비가 내렸다.[20]

페놀리오 최후의 작품이며 미완성 작품인 『사적인 문제』는 『빨치산 죠니』와 더불어
최고의 작품으로 인정받고 있으며, 소설가로서의 완숙한 경지에 이르렀음을 보여주는 작
품으로, 랑게 지역을 무대로 레지스탕스 운동을 하고 있는 주인공인 밀톤 Milton의 사랑
과 전쟁을 그린 작품이다.

이탈리아 문학에서 차지하는 이 작품의 문학적 가치에 대해 20세기 이탈리아 최고의
소설가이자 비평가 중의 한사람인 이탈로 칼비노 I. Calvino는 "어느 누구도 더 이상 그
것을 기대하지 않았을 때, 모든 사람이 꿈꾸어 왔던 소설을 쓰는데 성공한 사람은 그 누
구보다도 가장 고독한 사람이었다. 벱페 페놀리오는 그 소설을 쓰기에 이르렀고 그 소설(
『사적인 문제)을 채 마무리하지도 못하고 그 소설이 출판되는 것을 보지 못한 채 한창의
나이인 40대에 세상을 떠났다. 우리 세대가 쓰고 싶었던 책이 이제는 있다. 그리고 우리
의 작업은 가치와 의미를 가지게 되었고, 단지 이제 서야, 페놀리오 덕분에, 한 시절이
완성되었다고 우리는 말할 수 있다. 이제 서야 한 시절이 정말로 있었다는 것을 우리는
확신한다. [...] 『사적인 문제』는 내부와 외부의 레지스탕스 운동을 그대로 담고 있으며,
한 번도 쓰지 않았던 진정한 레지스탕스 운동으로 충실한 기억에 의해 오랫동안 투명하
게 보존되었고, 겉에 드러나지 않을 만큼 강한 많은 도덕적 가치와 더불어 감동과 분노를

---

19) 같은 책, 1096쪽
20) 같은 책, 1102쪽

안고 있다. [...] 서문을 쓰고 싶은 책은 나의 책이 아니라 페놀리오의 책이다"라고 높이 평가하고 있다.

총 13장으로 구성되어 있는 이 작품은 처음과 마지막 공간적 배경이 주인공의 애인인 플비아 Fulvia의 빌라로 집중되고 있으며, 거의 모든 장이 주인공의 "도착 및 출발"이라는 형태로 시간적인 사이클을 마감하고 있어 그 자체로서 하나의 독립적인 에피소드 역할을 하고 있다. 이에 맞물려 자연적 요소들은 거의 모든 장의 처음 부분과 마지막 부분에 다양하게 나타나고 있다.

플비아를 사이에 두고 주인공과 삼각관계에 있는 친구이며 빨치산 대원인 죠르지오 Giorgio가 안개 속에서 적들에게 생포되었다는 소식을 듣고 밀톤은 적을 사로잡아 동료와 맞바꿀 계획을 세운다. 죠르지오를 찾아가는 밀톤에게 비는 내면세계에까지 내린다.

> 아마도 비는 이미 붙잡혀 시체가 되어버린 죠르지오에게 억수같이 내렸고, 플비아에
> 대한 진실에도, 영원히 그 진실을 지우면서 억수같이 내렸다.21)

능선과 계곡을 배회하던 밀톤은 비가 내리지만 안전을 위해 야영하기로 결심하고 농가를 빠져 나온다. 비는 어둠과 더불어 주인공의 청각적, 시각적 행동을 구속하는 요소로서 나타나고 있다.

> 비는 억수같이 심하게 비스듬하게 쏟아지고 있었고, 능선의 거대한 몸집은 어둠 속
> 에 완전히 묻혔다. 개는 아무런 반응도 보이지 않았다. 그는 머리를 숙이고 출발했
> 다.22)

비는 단지 방해적인 요소로만 작용할 뿐만이 아니라 주인공에게 고통을 주는 요소로써 작용한다.

> 빗방울은 그의 머리를 납덩이처럼 때리고 있었고, 그는 참지 못해 가끔 소리를 지르

---

21) B. Fenoglio, *Una questione privata*, cit., p. 1985.
22) 같은 책, 2008쪽

고 싶었다.[23]

　　이처럼 레지스탕스 운동을 테마로 한 작품에 있어서 물과 관련된 요소는 상황의 제시와 더불어 방해적인 이미지를 지닌 부정적인 요소로 대부분 사용되고 있다. 하지만 농촌의 삶을 다룬 작품에서 죽음을 상징하는 물의 이미지와는 달리, 레지스탕스 운동을 다룬 작품에서는 삶 또는 구원의 상징적인 이미지 또한 지니고 있음으로써 긍정과 부정의 양면성을 지니고 있다고 볼 수 있다.

3) 맺음말

　　페놀리오의 작품에서 비와 더불어 다양한 자연적 요소들은 각각의 언어로서 나타나지만 작품 속에서 독립적으로 또는 상호 연관되어 반복적으로 끊임없이 나타남으로써 더 심오한 측면에서 볼 때 상호간에 같은 가치를 지닌 하나의 동일한 의미를 나타내는 일종의 상징체계를 이루고 있다고 볼 수 있다.

　　본고에서 간단히 살펴본 작품의 내적인 면 이외에도, 페놀리오의 문학 세계를 이해하는데 있어서 절대로 간과하지 말아야 하는 사항은 그의 글쓰기이다. 페놀리오는 새로운 작품을 진행해 나가는데 있어서 이 전에 작업했던 작품들을 재인용, 수정, 삽입 등의 방법을 통하여 글쓰기의 완벽함을 추구하였다. 그 결과로 오늘날 한 제목 하에 여러 판본이 존재함으로써, 작품들은 연대기를 추정하고자 하는 문헌 학자들의 비상한 연구 자료가 되고 있다.

　　페놀리오는 사망할 때까지 레지스탕스에 관한 테마를 여러 작품에 걸쳐 지속적으로 고집스럽게 다루었던 이탈리아의 유일한 작가로서 이탈리아 문학사에서 매우 중요한 위치를 차지하고 있다. 페놀리오의 문학세계는 직접적인 경험의 바탕 위에 예술적 창조성을 부여함으로써 이루어진 것이다. 하지만 무엇보다도 우리가 잊지 말아야 할 것은 페놀리오의 문학에 대한 끝없는 사랑과 이를 표현하기 위한 피나는 노력일 것이다.

---

23) 같은 책, 2059쪽

참고문헌

Beppe Fenoglio, *Opere*, edizione critica diretta da M. Corti, vol. I, II, III, Torino, Einaudi, 1978.

M. Corti, *Realtà e progetto dello scrittore nel Fondo Fenoglio, in <<Strumenti critici>>*, n. 11, febbraio 1970.

W. Mauro, *Invito alla lettura di Fenoglio*, Milano, Mursia, 1988.

G. Rizzo, *Per un itinerario letterario: le Langhe di Beppe Fenoglio,* in <<Nuovi argomenti>>, n.s., 35-36, settembre-dicembre, 1973.

3. 벱페 페놀리오의 작품에 나타난 안개의 이미지
Le immagini della nebbia nelle operedi Beppe Fenoglio

1) Introduzione

Fra gli elementi che piùu colpiscono i lettori delle opere fenogliane, vi sono le immagini della natura che derivano dal tempo atmosferico e dai suoi cambiamenti: la pioggia, la nebbia, il vento, il colore del cielo, il sole, le nuvole e la notte. Nelle opere la natura non ha un valore principalmente estetico, non rappresenta se stessa, ma ha una sua personalitàa e un ruolo decisivo nell'attivitàa e nella vita degli uomini, cosìi, in un certo modo influisce continuamente sull'esistenza umana.

Nelle opere resistenziali dell'autore, oltre alla fenomenologia dell'acqua, come la pioggia e il fiume che ricorrono con altissima frequenza, sono presenti la nebbia, il vento, la tenebra, la neve, in particolare nel *Partigiano Johnny* e in *Una questione privata*. Questi elementi naturali comportano una bipolaritàa di significato, un dualismo conflittuale. Particolarmente, la nebbia si associa ora all'idea della vita come mezzo di salvezza dei partigiani, ora a quella della morte, come strumento diabolico nelle mani dei fascisti.

Di solito la nebbia è simbolo di incertezza e di stati d'animo contrassegnati da un particolare turbamento interiore; può essere dissipata solo dalla luce e segna il passaggio da un'ottica razionale a un'ottica allucinata e stravolta.

L'analisi verterà sulle immagini della nebbia nelle opere resistenziali, prendendo in considerazione qualche opera che ha valore esemplare.

2) Le immagini della nebbia

La nebbia domina le scene delle opere resistenziali, particolarmente in *Una
questione privata*. Quello che colpisce è che scene avvolte dalla nebbia, però,
appaiono giàa in situazioni simili, con simili episodi, nel primo racconto, *Appunti
partigiani 1944-1945*. Questo significa che Fenoglio ha un grande interesse per gli
elementi della natura già dagli esordi della sua stagione narrativa, e li utilizza in
tutte le opere.

Uno dei primi testi di argomento resistenziale, in cui appaiono le scene della
nebbia, è *Appunti partigiani 1944-1945*, scritto nel 1946 ed edito come opera
postuma da Einaudi soltanto nel 1994, a cura di Lorenzo Mondo[1]. Il protagonista
non è ancora il Johnny o il Milton delle successive opere resistenziali, ma si
chiama semplicemente Beppe. Alcuni episodi e alcune sequenze narrative preludono
alle altre opere, ma questo racconto ha una freschezza che gli dà un posto
autonomo nell'epopea partigiana dello scrittore.

In questa opera, la nebbia dimostra il suo aspetto negativo, inganna gli occhi
dei partigiani, che pur essendo stati avvertiti da un borghese dell'apparizione dei
repubblicani nelle zone vicine, non possono verificare i fatti a causa di essa:

Dico: - Perché voi che siete giàa pronti non andate a vedere?
E Piccàrdi: - Esci a vedere che nebbia c'è. Usciamo e l'aia è un lago di latte
con dentro ombre che fan gesti come mosche nel miele. Dal porticato viene
il rumore asciutto del camioncino che non va in moto perché è gelato e i
due armigeri cristonano[2].

---

1) L. Mondo, *Introduzione, in B. Fenoglio, Appunti partigiani 1944-1945*, Torino, Einaudi, 1994, p.
X.

2) B. Fenoglio, *Appunti partigiani 1944-1945, cit.*, p. 74.

Anche se c'è nebbia densa, il protagonista parte con il suo compagno per Mango. Qui la nebbia è spessa, ma non è ancora in grado di fare perdere la strada; i protagonisti sono solo rallentati nel cammino:

> E ce n'andiamo, nuotando nella nebbia, bevendola. Non vediamo dove posiamo i piedi, ma non sbagliamo certo la strada. [...] Dico a Piccàard che devono essere le dieci, un borghese che passa sente e ci corregge che è piú di mezzogiorno. Quattro ore per una strada che ne vuole due, abbasso la nebbia[3].

Quando i protagonisti ritornano da Mango, vengono a sapere che i repubblicani hanno portato via persone e animali durante la loro assenza. Allora il protagonista e il suo compagno Piccàard salgono sulla cima, attraversando la nebbia, per ritrovarne le tracce:

> Saliamo filtrando la nebbia con gli occhi e le orecchie, ma in cima, attorno alla Langa, c'è un tale silenzio che Piccàard si mette a gemere[4].

Purtroppo, non si può procedere oltre, perché gli *Appunti partigiani 1944-1945* a nostra disposizione si fermano a questo punto; tuttavia, si può giàa notare l'importanza attribuita alla nebbia.

Un altro muro, nella raccolta *I ventitre giorni della città di Alba*, contiene anch'esso la storia di un'esecuzione, come gli altri racconti *Il trucco* e *Vecchio Blister*, e racconta la diversa sorte di due partigiani catturati dai reppublicani, Max, badogliano e Lancia, garibaldino. Durante la conversazione in cella, Max si lamenta con Lancia del fatto che la nebbia lo abbia costretto a farsi prendere.

---

3) *Ivi*, p. 75.
4) *Ivi*, p. 77.

Attraverso le parole di Max, anche se non è descritta direttamente, la nebbia rivela il suo aspetto negativo, traditore:

Io sono stato preso a tradimento! Non mi son fatto prendere come un fesso!
La nebbia come ha tradito me poteva tradire chiunque[5].

Questo aspetto negativo della nebbia e lo stesso motivo della cattura vengono ripresi anche nel *Partigano Johnny* e in *Una questione privata*, dove hanno più spazio.

Il partigiano Johnny è la storia della vicenda vissuta da un partigiano, Johnny, di Alba, tra l'8 settembre 1943 e i primi mesi del 1945.

Nel capitolo *Primo inverno*, prima della battaglia, Johnny guarda i soldati tedeschi e il loro camion. La nebbia, personificata e animata, inghiotte uomini e cose:

La nebbia danzava discinta e sensuosa intorno ai fissi fari bianchi corrispondenti ai fari rossi - ne avevano contati 74 - e di tanto in tanto il corpo di un soldato tedesco veniva a materializzarsi nei fasci di luce per svanire poi subito nel buio del ciglione[6].

Più avanti, dopo la resa di Alba, Johnny è di guardia con Ettore.

La nebbia, materializzata, alla vista di Johnny, assume ora un aspetto positivo: "Spiavano il noioso rettilineo fino al suo sipario di nebbietta dorata[7]".

Nel capitolo *Inverno 3*, la scena è occupata pienamente dalla nebbia e vi si

---

5) B. Fenoglio, *Un altro muro in Opere, edizione critica diretta da M. Corti, vol. II, tomo 4*, 1978, p. 301.

6) B. Fenoglio, *Il partigiano Johnny in Opere, cit, vol. I, tomo 2*, p. 934.

7) *Ivi*, p. 1040.

trova un episodio simile al capitolo VII del racconto *Appunti partigiani 1944-1945*. Inoltre, in tutte e due le opere, il nome del compagno ammalato del protagonista è lo stesso, Ettore. Dopo la guardia, tutta la notte sotto il vento notturno incessante, Johnny si sente assonnato. Verso l'alba, come proditoriamente narcotizzato, può a stento ritrarsi sotto il portico. La nebbia comporta rischi di agguato:

> Svegliandosi, ebbe un'immediata, socchiusa sensazione di nevicata, ma poi vide la nebbia. Ma tale una nebbia quale aveva mai visto sulle piú favorevoli colline: una nebbia universale, un oceano di latte frappato, che restringeva i confini del mondo a quelli dell'aia, anzi ben piú dentro. L'invisibile cagna stava zampando forse a due passi da lui, e fu un'impresa orizzontarsi e arrivare all'uscio della cucina. La padrona era soddisfattissima di quella nebbiona, ci <si> sentiva sicurissima e confortevolissima [...][8].

Johnny comincia a scendere verso Mango per comprare alcune medicine per il suo compagno Ettore che è malato: conosce bene la zona, ma incontra una nebbia fitta, intorno, sulle colline, che gli impedisce la vista e gli fa perdere la direzione giusta:

> Indubbiamente la nebbia cosíi densa dappertutto ed avrebbe capito d'essere arrivato a MA. soltanto udendo i suoi piedi zoccolare sul ben noto selciato. A un certo momento non fu d'altro cosciente che star marciando, marciando, con la sazietàa ma senza la pena del cammino, il sentiero rimaneva sempre liscio e familiare sotto i suoi piedi intuitivi. [...]
> Poi volse le spalle al declivio e risalíi incontro al sentiero perduto, per riconoscerlo saliva piegato in avanti. Lo ritrovò, con un gasp, e ci marciò sopra lentamente. Dopo un secolo, gli parve, zoccolava sul selciato di MA., e lo stupefece annusare nelle stradine zeppe di nebbia l'odore del mezzogiorno.

---

8) *Ivi*, p. 1134.

Ed erano esattamente le dodici, gli ci erano volute sei ore per un cammino
di normali due[9].

Quando Johnny ritorna alla Cascina della Langa da Mango, quella nebbia, che
lo ostacolava la mattina, accompagna sensi di insidia, di morte:

> Qui la nebbia era in crisi, e vaste porzioni di freddo paesaggio sorgevano e
> si stendevano alla vista, ma come stupefatti di quella lunga sepoltura ed
> ancor piú di quella resurrezione. Alcuni uccelli stavano timidamente,
> raucamente stridendo nei vicini pinastri appena smatassati dalla nebbia[10].

Quando Johnny arriva vicino alla cascina, incontra i vicini che lo informano
che di prima mattina i fascisti, saliti nel fitto della nebbia, hanno preso e portato
via Ettore, la padrona e le bestie. La causa decisiva della cattura è la nebbia,
come nel racconto *Un altro muro*. Così Johnny rimane solo in collina e deve
affrontare sia gli attacchi dei nemici che le minacce della natura:

> Che poteva fare il tuo compagno, vedendoli, maledetta nebbia, solo quando
> gli ficcavano i fucili nella bocca dello stomaco?[11]

Johnny pensa che l'unica via di salvezza per Ettore sia catturare un prigioniero
fascista da scambiare con il compagno e parte per prenderlo. Ad aspettarlo, al
posto della nebbia, stanno altri elementi naturali.

In quest'opera, si può notare dunque che la nebbia dimostra sia un aspetto
positivo, nascondendo tutte le cose, che uno negativo, facendo catturare i
partigiani. Ma questa nebbia, se per i fascisti diventa l'occasione buona per

---

9) *Ivi*, pp. 1134-1135.

10) *Ivi*, p. 1137.

11) *Ibidem.*

prendere i partigiani, è invece un elemento fatale per questi ultimi nascosti.

Una questione privata è una delle ultime opere dell'autore, ambientata nel novembre del 1944, primo libro postumo pubblicato da Garzanti insieme a *Un giorno di fuoco* nel 1963, appena dopo la sua morte.

Questa opera narra una questione privata del partigiano Milton che devia dalla sua strada, ritornando alla base, per vedere la villa di Fulvia, ex-amante di prima della guerra. Durante il colloquio con la custode della villa, Milton scopre la relazione fra Fulvia e Giorgio, suo amico e partigiano. Per sapere la veritàa, Milton cerca di incontrare Giorgio, però riceve la notizia che i fascisti l'hanno preso e l'hanno portato ad Alba: decide di catturare un fascista per scambiarlo con l'amico. L'autore descrive in modo tragico la cattura di Giorgio, l'azione dei compagni e l'atmosfera delle Langhe.

La nebbia occupa solo una parte della scena del *Partigiano Johnny*. Invece in *Una questione privata*, diventa protagonista assoluta insieme al protagonista Milton. Si ripete lo stesso motivo della cattura nella nebbia, giàa incontrato in *Un altro muro* e nel *Partigiano Johnny*. Intorno alla nebbia si sviluppa tutta la sequenza narrativa con il tema dell'amore nella Resistenza: la nebbia ha un peso determinante nell'evoluzione negativa dell'intreccio.

Dopo le notizie della custode sulla relazione fra Giorgio e Fulvia, Milton vuole sapere la verità, incontrando Giorgio. Da questo punto, la guerra per Milton non ha più nessun importanza: "Il fatto è che piú niente m'importa. Di colpo, piú niente. La guerra, la libertàa, i compagni, i nemici. Solo piú quella verità"[12], dopo "la piú lunga notte della sua vita"[13], comincia a cercare Giorgio.

Milton, da solo, parte per Mango, dove c'è la base partigiana di Giorgio. La

---

12) B. Fenoglio, *Una questione privata, in Opere, cit., vol. I, tomo 3*, p. 1959.
13) *Ivi*, p. 1960.

nebbia domina e si mostra continuamente, particolarmente nei capitoli IV e V dove, insieme alla collina, rappresenta lo stato d'animo di Milton:

> C'era invece molta nebbia, intasava i valloni e si stendeva in lenzuola oscillanti sui fianchi marci nelle colline. Per le colline mai aveva provato tanta nausea, mai le aveva viste cosíi sinistre e fangose come ora, tra gli squarci della nebbia[14].

Milton, che ha saputo che Giorgio è fuori in missione con altri compagni, ne aspetta il ritorno. La nebbia ha giàa invaso tutta la strada, cancella il passo di Milton e gli intasa gola e polmoni. Egli incontra lo Sceriffo e i suoi compagni che tornano senza Giorgio. Lo Sceriffo dice che Giorgio ha sfruttato la nebbia densissima, per restare solo:

> - Spaventosa. Voglio proprio arrivare in paese per chiedere a qualche vecchio se in vita sua ne ha visto mai di simile. Spaventosa. A un certo punto, nemmeno a chinarmi vedevo piú la strada e nemmeno i miei piedi che ci posavano sopra[15].

La nebbia comincia ad avere un volto: assolutizzata attraverso i due aggettivi "immenso e compatto", mostra la sua figura. Il ricorso al doppio aggettivo e l'immagine della compattezza ne restituiscono il senso: "Un immenso e compatto volume di nebbia schiacciava l'altipiano sottostante"[16].

La nebbia minaccia la sicurezza e trasforma la visione razionale in una visione allucinante; indipendente o associata con altri elementi naturali, produce un effetto

---

14) *Ivi*, p. 1961.

15) *Ivi*, p. 1966.

16) *Ivi*, p. 1967.

di negatività.

Nel caso seguente, la nebbia ha un'immagine visiva, un colore e restituisce il senso del movimento attraverso un procedimento di personificazione; il suo spessore è paragonato a quello di un mare di latte:

- La nebbia, - mormorò Milton.
Per descrivere la nebbia Sceriffo si alzò dalla panchina.
- Immaginati un mare di latte. Fin contro la casa, con le lingue e delle poppe che cercavano di entrare nella nostra stalla[17].

La nebbia, dapprima, è un elemento positivo per Giorgio, che vuole nascondersi, isolarsi dai suoi compagni e restare da solo; diventa poi un elemento fatale e negativo, perché è catturato dai fascisti proprio a causa di essa.

Frank, un ragazzo di Alba, dàa la notizia della cattura di Giorgio a Milton. Dall'espressione di Frank, "Dev'essergli finito in bocca nel nebbione"[18], e dal dialogo fra Milton e Nemega, emerge la causa di tale cattura:

Quando l'hanno beccato?
- Stamattina.
- Dove?
- Sull'altro versante. Verso Alba.
- Come?
- La nebbia. Da noi era un mare di latte.
- Ètuo fratello?
- No[19].

---

17) *Ivi,* p. 1975.
18) *Ivi,* p. 1980.
19) *Ivi,* p. 1992.

Appresa la notizia, Milton decide di partire per Tresio, per avere notizie dell'amico; trova ancora nebbia ovunque. Ma da questo momento, la nebbia lascia il posto agli altri elementi naturali, per esempio la pioggia, il fango e il vento. Quasi alla fine della storia, durante il dialogo fra Milton e Maté Milton sottolinea la debolezza degli uomini di fronte alla forza della natura:

> - Nella nebbia, rincaròMilton, - non poté dimostrarsi né un uomo nénient'altro. Solamente un corpo[20].

L'autore ricorre a molti sinonimi e a varie metafore per rappresentare la nebbia ("mare di latte", "ovatta assestata") e per rendere visivamente il suo movimento e la sua immensità[21]. La personifica poi attraverso l'associazione con "lingue" e "poppe". Tale personificazione non corrisponde solo a un modo di pensare alla nebbia, ma suggerisce anche forme d'azione nei confronti della nebbia stessa, che diventa un avversario che puòattaccare, colpire, perfino distruggere. La nebbia, con l'espressione "un mare di latte", insieme a "nebbione", appare ripetutamente in vari capitoli[22], copre quasi tutta la realtàe la scena. Cosínon solo ostacola la vista di Milton che cerca una veritàche sembra ancora lontana, ma lo disturba, inducendogli dubbi sulla relazione fra Giorgio e Fulvia. Questo si puònotare attraverso gli "spiragli", la "fessura" e i "buchi" che appaiono fra la nebbia, che rappresentano allo stesso tempo la speranza di trovare Giorgio e la veritànella prima parte della storia:

> La strada era invasa dalla nebbia, ma c'erano ancora spiragli e ondeggiamenti[23].

---

20) *Ivi*, p. 2040.

21) *Ivi*, p. 1964.

22) [mare di latte: p. 1975, p. 1992; nebbione: p. 1965, p. 1969, p. 1978, p. 1983].

23) *Ivi*, p. 1964

In cinque minuti si aprirono buchi e fessure in fondo alle quali si mostrarono pezzetti di terra[24].

Ma man mano la nebbia chiude questi buchi totalmente: cosíla speranza sembra destinata a non realizzarsi.

3) Conclusione

La nebbia èuno degli elementi naturali piùcaratteristici nelle opere resistenziali. Infatti, la nebbia appare dal piùantico racconto partigiano, *Appunti partigiani 1944-1945*, attraverso *Un altro muro e Il partigiano Johnny*, fino all'opera dell'ultimo periodo della vita dello scrittore, *Una questione privata*, con maggiore rilievo. In particolare, il motivo della cattura dei partigiani ècausato dalla nebbia fitta che ha un aspetto negativo; in seguito i protagonisti partigiani si muovono per prendere i fascisti e scambiarli con i partigiani presi.

Come un aspetto positivo, però la nebbia cela il corpo e occulta i movimenti dei partigiani. In questo senso, la nebbia, condizionando le azioni degli uomini, mostra il duplice aspetto del bene e del male.

---

24) *Ivi*, p. 1977.

Bibliografia

Opere di Beppe Fenoglio:

Il *partigiano Johnny*, in *Opere*, edizione critica diretta da M. Corti, vol. I, tomo 2, Torino, Einaudi, 1978.

Una questione privata, in *Opere*, edizione critica diretta da M. Corti, vol. I, tomo 3, Torino, Einaudi, 1978.

B. Fenoglio, *Un altro muro* in *Opere*, edizione critica diretta da M. Corti, vol. II, tomo 4, 1978.

Appunti partigiani 1944-1945, Torino, Einaudi, 1994.

Bibliografia della critica:

L. Mondo, *Introduzione*, in B. Fenoglio, *Appunti partigiani* 1944-1945, Torino, Einaudi, 1994, p. X.

〈한글 요약〉

페놀리오 작품의 특징 중의 하나는 자연적 요소의 등장이다. 이 자연적 요소에는 비, 안개, 바람 등이 등장한다. 그 중에서 안개는 작가의 초기 작품인 『빨치산 비망록 1944-1945 *Appunti partigiani 1944-1945*』에서부터 『또 하나의 벽 *Un altro muro*』, 『빨치산 죠니 *Il partigiano Johnny*』를 거쳐, 마지막 작품인 『사적인 문제 *Una questione privata*』에 이르기까지 끊임없이 나타나고 있다. 특히 짙은 안개 때문에 적에게 생포된 동료와 바꾸기 위하여 활동하는 주인공들의 이야기는 일관되게 마지막 작품에까지 이어진다.

안개는 빨치산 대원들의 몸과 움직임을 가림으로써 적들의 공격으로부터 보호한다. 반면에 적들은 안개를 이용하여 빨치산 대원들을 사로잡는다. 그러므로 이 작품들에서 공통적으로 나타나는 안개의 이미지는 선과 악의 두 모습을 지니고 있다고 볼 수 있다.

4. 벱페 페뇰리오의 작품에 나타난 바람, 어둠, 눈(雪)의 이미지
Le immagini della neve, delle tenebre e del vento
nelle opere resistenziali di Beppe Fenoglio

1) Introduzione

Fra gli elementi che più colpiscono i lettori delle opere fenogliane vi sono le immagini della natura. Oltre alle immagini della nebbia e dell'acqua intesa come pioggia e fiume, elementi che ricorrono con altissima frequenza sono la neve, il vento e le tenebre.

Quest'analisi verterà principalmente sulle immagini della neve, del vento e delle tenebre, che si potrebbero considerare un po' meno importanti dell'acqua e della nebbia nelle opere, nelle opere resistenziali dell'autore, ma hanno sempre un importante ruolo e significato. In particolare, attraverso il confronto delle scene e delle situazioni simili nelle immagini sopraindicate, vorrei individuare come l'autore abbia sviluppato la direzione correttoria.

2) La neve

Nel Partigiano Johnny, quando il protagonista arriva sulle alte colline per entrare in una banda partigiana incontra la collina coperta di neve, priva di consistenza. La neve rappresenta un'immagine senza vita, che richiama il paesaggio collinare:

Erano le 4 p.m. e Johnny stava sulle alte colline, funeree nella coltre della neve senza piú barbagli, come corrotta dall'incipiente dusk da chiazzante lebbra arsenicale.[1]

Nella battaglia di Mombarcaro, per sottrarsi all'attacco dei tedeschi, i partigiani, divisi in piccole squadre, iniziano il viaggio mortale per la salvezza, passando di notte attraverso le linee nemiche. Mentre scendono, la neve e la campagna innevata si associano con un'idea di immobilità:

Viaggiavano incontro alla morte, senza un voto, senza una preghiera. Si calarono tra le neve piú alta come in un pelago. Neve, neve fino al traguardo ed oltre, una neve compatta per quanto giá stantia, dante un modico scrocchio sotto i loro passi meditati. La campagna innevata spaziava tra loro e gli attestati tedeschi vasta, immobilmente ondosa, odiosamente imparziale.[2]

Nel blocco narrativo *Primo inverno*, Johnny, avendo di fronte i fascisti che sparano, si tuffa lungo il pendio verso la salvezza. Durante la caduta a ruzzoloni, la neve attutisce il colpo, però ad un certo punto impedisce al protagonista di fermarsi. Anche qui la neve associa l'aspetto positivo e quello negativo:

Ma poi una callosa insensibilità rivestí, smaltò tutto il suo corpo, non avvertí piú gli impatti terribili con la terra spoglia di neve, non piú il terribile impatto del metallo e legno del suo moschetto pressato contro il suo fianco. Rotolava, leggero ed anestetizzato, come nuotasse e fosse sospeso in ionosfera. [···] Ma l'erba era gelida e viscida, feriva senza aiutare, la neve, dove'era, aveva perso ogni facoltà frenante.[3]

---

1) B, Fenoglio, *Il partigiano Johnny, in Opere*, edizione critica diretta da M. Corti, 3 volumi, 5 tomi, Torino, Einaudi, 1978, p. 438.

2) *Ivi*, p. 937.

3) *Ivi*, p. 941.

Nel blocco narrativo *Inverno 5*, il paesaggio coperto di neve, descritta come elemento di pace, occupa tutta la scena:

> L'aia sotto neve era deserta e amica, tutto il mondo immerso in una pace celeste ed in tale silenzio da poterci quasi cogliere l'atteramento di ogni singola falda di neve.[4]

Questa neve, però, crea il problema del cibo. Con qualche nocciolino trovato, Johnny, uscendo sulla collina, trova i due partigiani Ivan e Luis che stanno discutendo con i contadini sullo spazzaneve che in effetti, una volta rimosso, potrebbe dare la possibilità ai fascisti di muoversi liberamente, ma lasciato cosí com'è, costituirebbe una difficoltà per la vita dei contadini. In questo caso, la neve rappresenta un simbolo sia di vita che di morte:

> Capí che la gente voleva snevare la strada per ragione di vita e per egual ragione di vita Ivan e Luis vi si opponevano.[5]

Nel blocco narrativo *Inverno 7* i fascisti, nascosti dietro la duna di neve, uccidono i due partigiani Ivan e Luis. La neve diventa un elemento fatale di morte:

> Johnny fece appena in tempo a schioccar le dita alla cagna perché si coprisse come lui, perché sulla strada perpendicolare a quella dei fascisti, coperta da una duna di neve, vennero in vista due partigiani, [⋯].[6]

---

4) *Ivi,* p. 1154.

5) *Ivi,* p. 1157.

6) *Ivi,* p. 1176.

Questa volta, la stessa duna di neve diventa una protezione a favore di Johnny che, nascondendosi dietro di essa, aspetta il passaggio dell'uomo-spia:

> Il batticuore in Johnny lasciò il posto ad una normale accelerazione, soltanto la lingua gli si era fulmineamente e tutta essiccata. Si ritirò dietro una duna di neve, le spalle al bosco e aspettò. L'uomo sarebbe passato tra cinque minuti.[7]

In *Frammenti di romanzo*, nel dialogo fra Maté e Jack si può notare che la neve nelle colline diventa un elemento favorevole alla diserzione. Invece, lo spalamento della neve dalle strade diventa fatale per i disertori. La neve ha dunque ancora un aspetto positivo e uno negativo:

> Io capii che parlava sul serio e misi da parte il piano di disertare, anche perché le colline portavano un metro di neve. Avrei avuto sí il vantaggio della sorpresa, ma sulla strada quelli facevano in tempo a beccarmi col camion. E se pigliavo di traverso, io restavo impegolato nella neve vergine e loro liberi sulle strade spalate.[8]

Per quanto riguarda la neve, l'autore rivela il suo pensiero esplicitamente:

> La neve, se da una parte rappresentava una sicurezza di cuscinetto, dall'altra significava, comportava la piú orrida, la piú ferma delle morti, quando le circostanze, la fortuna avesse portato all'annullamento del cuscinetto.[9]

---

7) *Ivi,* p. 1188.

8) B. Fenoglio, *Frammenti di romanzo,* in *Opere,* edizione critica diretta da M. Corti, 3 volumi, 5 tomi, Torino, Einaudi, 1978, p. 1593.

9) B. Fenoglio, *Il partigiano Johnny,* cit., p. 475.

3) Le tenebre

Nelle opere, la notte e le tenebre non indicano soltanto un momento temporale, ma si colorano di una doppia connotazione, sia positiva che negativa: i partigiani possono muoversi liberamente, ma anche subire l'attacco dei nemici.

Negli Appunti partigiani *1944-1945*, la notte si associa con il freddo e non è descritta come un elemento favorevole né pericoloso per i partigiani. Il protagonista, invece di dormire nella stalla, come aveva richiesto la mezzadra, decide di girare le Langhe con i suoi compagni per evitare il pericolo:

> E cosí per tutta la fredda notte siamo stati tutt'e tre a pestare i dintorni della Langa, con un moschetto e due pistole a testa, in capo le coperte che sembravamo tante monache, e parando con la mano il fuoco delle sigarette.[10]

Nel *Partigiano Johnny*, le tenebre rappresentano una buona occasione o un ostacolo. Per Johnny, le tenebre funzionano come l'occasione buona per scendere in città, nonostante il divieto dei genitori, evitando gli sguardi degli altri:

> Ruppe la promessa una sera di primo ottobre, la tetraggine sulle colline da sfuggirsi come una colera. Scese sulla città come un assalto di sorpresa, scegliendo il buio l'accesso piú anormale e sicuro.[11]

Insieme alla strada coperta di neve, la tenebra assolutizzata ("nerissima tenebra"), personificata ("il buio saliva") e accompagnata da un paragone ("come a uno inscampabile agguato") diventa un elemento fatale per i partigiani, sballottati

---

10) B. Fenoglio, *Appunti partigiani 1944-1945*, in *Opere*, edizione critica diretta da M. Corti, 3 volumi, 5 tomi, Torino, Einaudi, 1978, p. 42.

11) B. Fenoglio, *Il partigiano Johnny*, cit., p. 404.

sul rimorchio dell'autocarro, sul quale avranno l'incidente; Johnny capisce che, nella resistenza, non si muore soltanto a causa dei fascisti:

> La strada mordeva; essa stessa esausta e mordace l'altissima costa, striata di nerissima tenebra su uno spettrale bianco neve: il buio saliva ai sommi greppi come a uno inscampabile agguato, ad ogni tornante spariva e riappariva il paese della base, orribilmente fantomatizzantesi nella notte precipite.[12]

Al presidio di Mango, a metà settembre, arriva l'ordine di abbattere la facciata del Seminario Maggiore, dov'è alloggiata gran parte della guarnigione fascista. L'azione deve essere eseguita durante la notte, che ostacola la marcia di avvicinamento al posto designato per l'azione:

> Ci volle un'ora per affacciarsi all'ultima collina sulla città, dopo una cieca e sfilacciata marcia per sentieri e fossi, nel sordo crepitare di bestemmie ed improperi per la cecità e difficoltà del trasferimento.[13]

Quando i partigiani fuggono dall'attacco dei nazifascisti dirigendosi verso il fiume, le tenebre hanno un aspetto negativo, come fossero dei nemici. Johnny non riesce a dormire, pensando all'attacco e agli eventi dell'indomani:

> Quella notte fu interminabile, nel fronteggiare essa ed i suoi paurosi misteri gli uomini diedero fondo ad energie preziose per il domani. La tenebra si spostava in largo e lungo come soffiata da qualche enorme bocca nemica, il freddo era sadico, lo sfrego di un fiammifero era un grande rumore.[14]

---

12) *Ivi,* p. 442.

13) *Ivi,* p. 972.

14) *Ivi,* p. 1060.

La tenebra non compare da sola, ma assieme al vento, significa agguato, rischio:

> La tenebra era sinistra, la romba del vento sinistra, come scoperchiante il buio rifugio ad una lampeggiante irruzione di vista illuminata sentenza e di facilitata strage per giustizia, la tenebra ed il vento contenevano e convogliavano un egual carico di agguato e di rischio attimically prior to just seen death.[15]

Anche la notte, animata con la similitudine del bocconcino, arriva insieme alla pioggia che fa tremare gli uomini. L'uso del termine "rabbrividire" rende il senso del movimento, con valore onomatopeico, con il gruppo consonantico /br/:

> La notte ingoiava come bocconcini i profili delle colline piúgrandi, ed una pioggia cadde, ad acquate intermittenti, che fece rabbrividire e bestemmiare gli uomini.[16]

Quando Johnny e i suoi compagni partono, la loro attenzione è rivolta ai fascisti e all'oscurità che ne ostacolano i movimenti. In questo caso, le tenebre svolgono il ruolo che ha la nebbia in *Una questione privata*.

> Partirono. Per l'oscurità e la cautela impiegarono piú di un'ora ad arrivare a veder la cresta.[17]

In *Una questione privata*, la notte, il buio e le tenebre hanno la stessa funzione;

---

15) *Ivi,* p. 447.

16) *Ivi.* p. 1056.

17) *Ivi,* p. 1087.

nella prima parte della narrazione, però, rappresentano la sensualità.

Il partigiano Milton, che ha deviato dal suo cammino per vedere la villa di Fulvia, una volta sua amante, è davanti alla casa di lei. Prima di entrare, ricorda il tempo felice passato con lei prima della guerra. Per ricreare l'immagine di Fulvia, si oscura gli occhi, coprendoseli con la mano:

> Milton si premette le mani sul viso e in quel buio cercò di rivedere gli occhi
> di Fulvia.[18]

Durante la conversazione, la custode gli rivela la relazione intercorsa fra Fulvia e Giorgio. Le notti degli incontri tra i due erano rischiarate dalla luce della luna (Quelle notti c'era una luna che spaccava.[19]); per questo motivo la custode aveva potuto scoprire i loro incontri.

Dopo il ritorno alla base, Milton aspetta il giorno seguente. La notte diventa un elemento spazio-temporale che determina la sua decisione e ne aumenta l'angoscia:

> Pur che resistesse sino a domani. C'era di mezzo la piú lunga notte della sua
> vita. Ma domani avrebbe saputo. Non poteva piú vivere senza sapere e,
> sopratutto, non poteva morire senza sapere, [⋯]
> <<Se è vero⋯>> Era cosí orribile che si portò le mani sugli occhi, ma con
> furore, quasi volesse accecarsi. Poi scostò le dita e tra esse vide il nerore
> della notte completa.[20]

---

18) B. Fenoglio, *Una questione privata*, in *Opere*, edizione critica diretta da M. Corti, 3 volumi, 5 tomi, Torino, Einaudi, 1978, p. 1942.

19) *Ivi*, p. 1950.

20) *Ivi*, p. 1960.

Quando il comandante Sceriffo spiega il motivo del litigio fra Giorgio e Jack, la tenebra dimostra di essere "nera", suo aspetto usuale, ma è aggiunto il termine metaforico, "incarnita", per i partigiani che cercano una casa per chiedere qualcosa da mangiare; in un secondo caso, evoca ancora il colore e rivela la sua forza illusoria attraverso il paragone e la personificazione:

Non erano ancora arrivati al passo della Torretta che era già notte nera e incarnita.[21]

Arrivarono in basso per un sentiero da rompersi il collo, la notte era nera come pece ma come animata, dava l'illusione ottica di tante voragini che continuamente si formassero.[22]

4) Il vento

Negli *Appunti partigiani 1944-1945*, l'immagine del vento comincia ad apparire attraverso la similitudine con l'onda, quando il protagonista parte verso Trezzo, "tristissimo paese da non rimanerci nemmeno da morto",[23] però non dimostra la sua forza e crudeltà e non si associa con elementi naturali:

Parto. Da una svolta della strada viene un filo di vento, viene come l'onda virando un promontorio. Quando la strada correrà per la vallata, immagino che vento tirerà, da prendere di petto.[24]

---

21) *Ivi*, p. 1970.

22) *Ivi*, p. 1971.

23) B. Fenoglio, *Appunti partigiani 1944-1945*, Torino, Einaudi, 1994, p. 8.

24) *Ivi*, p. 7.

Dapprima il vento non costituisce un elemento di disturbo durante il cammino del protagonista: Tira un vento che m'esalta e cammino forte. In mezz'ora, proprio, sono a Mango.[25]

Quando questi scende dalla Cascina della Langa, incontra un borghese. Come in altri casi, in particolare come per la nebbia in *Una questione privata*, un borghese o un contadino hanno il ruolo di informatori, per i partigiani, sulle condizioni del tempo. Il protagonista spera che non si alzi il vento, che ostacolerebbe il suo cammino:

Al margine di Mango un borghese mi dice che stasera s'alzerà un vento da far stramazzare, voglio scommettere? Puché non s'alzi prima che sono arrivato a casa o quasi, altrimenti alla Langa ci arrivo dopo mezzanette, pazzo d'aria e fischi.[26]

L'azione del personaggio è resa con riferimenti al bosco e al vento. Come nelle altre opere, Fenoglio utilizza spesso gli elementi naturali per descrivere i movimenti dei personaggi:

La gente trema come un bosco sotto il vento.[27]

Come il vento arriva Napoleone, anfanando come un treno.[28]

In uno dei primi racconti, *Nella valle di San Benedetto*, il vento già dimostra la sua forza e un aspetto negativo.

---

25) *Ivi*, p. 12.

26) *Ivi*, p. 20.

27) *Ivi*, p. 40.

28) *Ivi*, p. 41.

Il protagonista e i suoi compagni di guerra Bob e Giorgio non escono dalla valle di San Benedetto per paura di essere uccisi dai tedeschi. Insieme all'arrivo delle tenebre, che ostacolano la vista, il fruscio del vento disturba l'udito dei partigiani e non fa sentire loro il movimento dei camion tedeschi. Solo attraverso la luce dei fari, i partigiani li percepiscono:

> Era nato un vento fortissimo, alto, il vento di quelle parti che costringe a caricare i sassi i tetti delle case. Ne veniva un enorme rumore come di fiumana.
> Fu per questo rumore del vento che noi non sentimmo l'altro rumore e solo per il richiamo della luce ci accorgemmo che i camion tedeschi erano arrivati sulla collina di destra e vi siano fermati in colonna.[29]

I sei racconti resistenziali nella raccolta *I ventitre giorni della città di Alba* non contengono quasi nessuna immagine del vento. In un unico caso, il vento è utilizzato per descrivere i movimenti e l'aspetto fisico dei personaggi, come nelle altre opere:

> Fecero senza tregua due colline, marciando tutti curvi, come se alla spalle avessero un gran vento.[30]

Nel *Partigiano Johnny*, nelle tenebre Johnny abbandona la casa paterna per dirigersi verso le colline a farsi partigiano, contro il vento che segnala l'ora notturna e ha la stessa connotazione di tutta la difficile vita partigiana. Aggiungendo il colore al vento, in particolare il colore nero, l'autore rende sia

---

29) B. Fenoglio, *Nella valle di San Benedetto*, nei *Racconti della guerra civile*, in *Opere*, cit., vol. II, t. IV, p. 83.

30) B. Fenoglio, *L'andata*, in *Opere*, edizione critica diretta da M. Corti, 3 volumi, 5 tomi, Torino, Einaudi, 1978, p. 253.

l'effetto visivo sia l'immagine negativa:

> Partí verso le somme colline, la terra ancestrale che l'avrebbe aiutato nel suo
> immoto possibile, nel vortice del vento nero, sentendo com'è grande un uomo
> quando è nella sua normale dimensione umana.[31]

Il vento è uno dei protagonisti e rivela un aspetto assolutamente negativo e un carattere demoniaco, a differenza degli altri elementi naturali, associandosi spesso con le tenebre: La violenza del vento lo ingobbí definitivamente. Nulla era visibile nella ondulante tenebra, udibile soltanto il sinistro, purgatoriale crocchiare dei rami freddi sotto il vento onnipotente.[32]

Il vento non è un semplice fenomeno naturale nelle opere resistenziali, ma come gli altri elementi naturali, un fattore che disturba l'azione dei personaggi. In particolare, lo stormire del fogliame degli alberi a causa del vento ha il ruolo di rendere la sensazione del protagonista. Il colpo di fucile è confrontato con la forza del vento:

> Due, tre si contorsero, uno cadde in strada, come se il colpo fosse una
> proditoria mano di vento che l'avesse afferrato e sbalzato.[33]

Durante il pattugliamento dei partigiani, il vento si associa alle tenebre:

> Piú tardi, un vento alto notturno prese e continuò a suonare nel sommo degli
> innumerevoli pioppi, con un rumore piú continuo e piú liquido di quello della

---

31) B. Fenoglio, *Il partigiano Johnny*, cit., p. 437.
32) *Ivi,* p. 1067.
33) *Ivi,* p. 954.

fuggente fiumana.[34]

Anche se ha smesso di piovere, il vento crudele impedisce il movimento dei partigiani:

> L'indomani – I° novembre – fu un giorno senza pioggia ma con un vento con
> una affilatezza già invernale. Gli uomini ancora fradici, non poterono tollerare
> la nuova crudeltà del vento e quasi tutti riguadagnarono le stalle lasciate.[35]

Quando il protagonista va verso la stalla per dormire, il vento impetuoso manifesta la sua forza nelle tenebre:

> La violenza del vento lo ingobbí definitivamente. Nulla era visibile nella
> ondulante tenebra, udibile soltanto il sinistro, purgatoriale crocchiare dei rami
> freddi sotto il vento onnipotente.[36]

Il rumore del vento disturba l'udito dei personaggi:

> - È stato stanotte, mi sono rovinato l'udito nello sforzo di separare,
> distinguere ogni altro rumore da quello del vento.[37]

Nel blocco narrativo *Inverno 6*, la padrona della Cascina delle Langhe, catturata dai fascisti, ritorna e porta notizie sulla situazione di Alba e sulle condizioni di Ettore ancora in vivo ma processato. Dopo la lunga conversazione con la padrona, Johnny va a dormire nel fienile vicino, non solo per evitare l'attacco improvviso

---

34) *Ivi,* p. 987.

35) *Ivi,* p. 1019.

36) *Ivi,* p. 1067.

37) *Ibidem.*

dei nemici, ma anche per la padrona che ha paura della vendetta dei fascisti. Quando esce dalla cascina, i tre elementi naturali, il freddo, le tenebre e il vento animato lo aspettano:

> E Johnny entrò nel ghiaccio e nella tenebra, nella mainstream del vento. L'acciaio delle armi gli ustionava le mani, il vento lo spingeva da dietro con una mano inintermittente, sprezzante e defenestrante, i piedi danzavano perigliosamente sul ghiaccio affilato. Ma egli amò tutto quello, notte e vento, buio e ghiaccio, e la lontananza e la meschinità della sua destinazione, perché tutti erano i vitali e solenni attributi della libertà.[38]

Nel blocco narrativo *Inverno 7,* i fascisti uccidono i due parigiani Ivan e Luis che marciano un po' avanti a Johnny sul sentiero coperto di neve. Johnny dispone che i cadaveri vengano rimossi e condotti al vicino paese per il funerale. Il turbinare del vento, mentre Johnny aspetta il carro per trasportarli, è paragonato a un serpente, il simbolo del male: Da quell'ultima curva il vento svicolava come un letale, sibilante serpente.[39]

Il vento, il freddo e la notte si associano e infastidiscono molto il protagonista, che affronta questa difficoltà: in questa situazione, porta dentro di sé la solitudine assoluta insieme al coraggio:

> Un vento polare dai rittani di sinistra spazzava la sua strada, obbligandolo a resistere con ogni sua forza per non essere rovesciato nel fosso a destra. Tutto, anche la morsa del freddo, la furia del vento e la voragine della notte, tutto concorse ad affondarlo in un sonoro orgoglio. – Io sono il passero che

---

38) *Ivi,* p. 1172.

39) *ivi,* p. 1179.

non ascherà mai. Io sono quell'unico passero!40)

In *Una questione privata*, dopo il cessare della pioggia, il vento comincia a spirare; la sua presenza è indicata dalla terna di aggettivi "ampio, basso, teso" con funzione avverbiale, dipendenti dal verbo "Tirava":

- Il vento, - annunciò Gilera, calmo, già disimbronciato. [⋯]
Tirava dalla direzione di Alba, ampio, basso, teso.41)

Milton, dopo aver ottenuto il permesso di mezza giornata dal capo partigiano Leo, uscendo trova un vento debole, che smuove il fogliame. Il rumore delle foglie, però, riflette l'anima dolente del protagonista. Il vento dimostra la sua forza negativa attraverso i due aggettivi "forte, sinistro" ed evoca l'immagine della morte nelle parole di Meo:

Camminavano in cresta, pigliando di petto un vento forte, sinistro, di un freddo già invernale. Un vento, disse Meo, che senz'altro nasceva dalle tombe spalancate di uno di quei cimiteri d'alta collina dove lui non sarebbe rimasto nemmeno da morto fucilato.42)

Dopo la conferma che non c'è un prigioniero da scambiare con Giorgio, il protagonista, insieme al compagno Paco, discende nell'aia. Il vento è raffigurato come un gorgo ed è associato con le tenebre, che offrono anche un'indicazione temporale:

---

40) *Ivi,* p. 1184.

41) B. Fenoglio, *Una questione privata*, cit., p. 1955.

42) *Ivi,* p. 1970.

Era incredibilmente scuro e tirava un vento pazzo, che faceva gorghi, come se
si rigirasse a mordersi la coda.[43]

Il vento, la pioggia e le tenebre disturbano la partenza del protagonista sulla
cima della collina:

> Milton era già lontano, schiacciato dal vento e dall'acqua, marciava alla cieca
> ma infallibilmente, mugolando *Over the Rainbow*.[44]

Mentre si reca verso Alba, dopo avere ucciso il prigioniero, incontra un suo
vecchio compagno, ma a causa delle tenebre e del vento che ostacolano la
visibilità e l'udito, è molto difficile distinguere chi sia il partigiano e chi un
nemico. Sia le tenebre che il vento hanno un aspetto minaccioso:

> Era appena spiovuto e tirava un vento cosí forte e radente che scrostava la
> ghiaia dal suo letto di fango e la faceva ruscellare per la strada. La luce si
> era già quasi tutta ritirata dal mondo e i mulinelli del vento concorrevano a
> diminuire la visibilità.[45]

Le quattro scene seguenti, una da *Frammenti di romanzo* e tre dalle tre
redazioni di Una questione privata, che contengono le immagini del vento e delle
tenebre, dimostrano lo sviluppo della direzione correttoria dell'autore.

> - Lui. E sai che cosa ha urlato? Viva il Duce!
> - Padronissimo.
> - È tutta stamattina che me la mena col porco duce.[46]

---

43) *Ivi*, p. 1994.

44) *Ivi*, p. 2008.

45) *Ivi*, p. 2033.

- Fece un paio di urli. E sapete che cosa urlò? Viva il Duce!

- Padronissimo, - disse Leo.

Era cessato di piovere, ma stillava dai rami scossi dal vento che rinforzava.

La grande rupe calcarea sfumava nell'oscurità.

Pablo disse: - Tutta la mattina [⋯].[47]

- Fece due urlacci. E sai che cosa urlò? Viva il Duce!

- Padronissimo, - disse Milton.

Era spiovuto, ma stillava maledettamente dai rami scossi dal vento che rinforzava. La grande rupe calcarea sfumava nell'oscurità.

Paco disse: - Tutta la mattina [⋯].[48]

Piantò due urlacci. Sai cosa urlò? Viva il Duce!

Padronissimo. - disse Milton.

Non pioveva, ma sotto il vento obliquo le acacie sgrondavano di traverso, quasi con malizia, con acredine. Milton e Paco tremavano sonoramenete. La grande rupe calcarea sfumava nel buio.

Paco comprese che Milton non si sarebbe più opposto e cominciò:

- Tutto ieri mattina [⋯].[49]

Riutilizzando un episodio dei *Frammenti di romanzo* nella prima redazione di *Una questione privata*, l'autore aggiunge una nuova frase, in riferimento alla pioggia, al vento e alle tenebre, nel dialogo tra i due soggetti. In questo caso, gli elementi atmosferici informano dell'andamento del tempo durante il dialogo sulla fascista fucilata.

---

46) B. Fenoglio, *Frammenti di romanzo*, cit., p. 1619.

47) B. Fenoglio, *Una questione privata*, cit., p. 1780. (Prima redazione)

48) Ivi, p. 1896. (Seconda redazione)

49) Ivi, p. 1994. (Terza redazione)

Nel passaggio dalla prima alla seconda redazione di *Una questione privata*, lasciando inalterata la struttura sintattica, si registra l'aggiunta dell'avverbio "maledettamente". L'inserimento, nella terza redazione, dell'aggettivo "obliquo" dà una connotazione negativa al vento. Inoltre, l'autore cambia il nome del personaggio (da Pablo a Paco).

Nella terza stesura, invece, si notano l'anteposizione del complemento "sotto il vento" al soggetto "le acacie" e la sostituzione di "maledettamente" con "quasi con malizia". Inoltre, l'autore aggiunge un riferimento all'aspetto dei personaggi (Milton e Paco tremavano [···]) sotto l'atmosfera terribile.

5) Conclusione

Quando Fenoglio scrive una frase sugli elementi naturali, penso lo faccia per dare un'immagine particolare in una situazione determinata. Lo scrittore fa uno sforzo per esprimere il sentimento dei protagonisti attraverso le immagini degli elementi naturali. Tali immagini forniscono una testimonianza della tecnica dell'autore. La loro importanza è confermata dal lavoro di revisione da lui compiuto, lavoro che si rivela molto attento e preciso nelle descrizioni, sempre molto dettagliate.

Le immagini della neve, del vento e delle tenebre non ha un valore principalmente estetico, non rappresenta se stessa, ma in un certo modo influisce continuamente sull'esistenza umana come un simbolo del bene e del male. Così la natura non costituisce solo uno sfondo, ma ha una sua personalità e un ruolo decisivo sia positivo che negativo nell'attività e nella vita degli uomini.

Bibliografia

Opere, edizione critica diretta da M. Corti, 3 volumi, 5 tomi, Torino, Einaudi, 1978. I. 1. *Ur partigiano Johnny*, a cura di J. Meddemmen, con traduzione a fronte di B. Merry; I. 2. *Il partigiano Johnny*, a cura di M. A. Grignani; I. 3. *Primavera di bellezza, Frammenti di romanzo, Una questione privata*, a cura di M. A. Grignani; II. *Racconti della guerra civile, La paga del sabato, I ventitre giorni della città di Alba, La malora, Un giorno di fuoco*, a cura di P. Tomasoni; III. *Racconti sparsi editi e inediti, Quaderno Bonalumi, Diario, Testi teatrali, Progetto di sceneggiatura cinematografica, Favole*, a cura di P. Tomasoni, *Epigrammi*, a cura di C. M. Sanfillippo.

Romazi e racconti, Edizione completa a cura di D. Isella, Biblioteca della Pléiade, Torino-Paris, Einaudi-Gallimard, 1992. *I ventitre giorni della città di Alba, La malora, Un giorno di fuoco (Racconti del parentado), Primavera di bellezza, Il partigiano Johnny, L'imboscata, Una questione privata, I penultimi, Gli altri racconti.*

Appunti partigiani 1944-1945, Torino, Einaudi, 1994.

Ritratti su misura di scrittori italiani, a cura di Elio Filippo Accrocca, Venezia, Sodalizio del libro, 1960.

R. Cuzzoni, *Le tre redazioni di <<Una questione privata>>*, in <<Nuovi argomenti>>, 1973, pp. 196-223.

E. Soletti, *Paradigma della metafora in Fenoglio*, in <<Sigma>>, anno IX, n. 3, 1976, pp. 109-133.

G. Fenocchio, *Tempo, natura e simboli nel Partigiano Johnny*, in <<Filologia e critica>>, XV, 1984, n. 3, pp. 407-442.

F. De Nicola, *Come leggere Il partigiano Johnny di Beppe Fenoglio*, Milano, Mursia, 1985.

M. Grazia di Paolo, *Beppe Fenoglio. Fra tema e simbolo*, Ravenna, Longo Editore, 1988.

W. Mauro, *Invito alla lettura di Fenoglio*, Milano, Mursia, 1988.

E. Saccone, *Fenoglio, i testi, l'opera*, Torino, Einaudi, 1988.

〈한글 요약〉

벱페 페놀리오의 레지스탕스적 작품에 나타난 눈(雪), 어둠, 바람의 이미지

벱페 페놀리오의 작품에서 가장 독특하게 묘사되는 사항은 자연의 이미지에 관한 것이다. 농촌을 배경으로 한 랑가풍의 작품과 레지스탕스 운동을 배경으로 한 작품 모두에서 안개, 물과 관련된 요소인 비와 강물 등이 다른 요소들에 비하여 우세하게 나타나며, 작품의 전개에 있어서 매우 중요한 역할을 담당한다.

이 논문에서 살펴본 눈(雪), 바람 그리고 어둠은 안개와 물에 비하여 묘사된 빈도수와 중요도가 조금 덜하지만, 그 역할은 앞서 말한 다른 요소들과 마찬가지로 중요하다.

이러한 요소들은 이중적인 의미를 지닌다. 눈(雪)은 사건에 따라 레지스탕스 대원들의 생명을 구하는 긍정적인 요소로 또는 파시스트들에 의하여 레지스탕스 대원들이 죽음을 당하는 부정적인 요소로 사용된다.

어둠은 한 편으로 레지스탕스 대원들이 자유롭게 활동할 수 있는 공간이기도 하지만, 다른 한 편으로는 적의 공격을 받을 수 있는 공간이 됨으로써 긍정적, 부정적 의미를 동시에 지닌다.

바람은 상기한 눈(雪)과 어둠과는 달리 레지스탕스 대원들의 행동과 청각을 방해하는 부정적인 의미만을 지니고 있음을 보여준다.

이러한 요소들은 단독으로 혹은 함께 긍정적으로 또는 부정적으로 등장함으로써 선(善)과 악(惡)의 모습을 동시에 표현하고 있다.

5. 벱페 페놀리오의 『사적인 문제』에 나타난 자연적 요소의 이미지와 개정 작업

1) 머리말

벱페 페놀리오Beppe Fenoglio (1922-1963)의 작품 전체를 살펴볼 때 크게 두 가지 테마를 다루고 있음을 알 수 있다. 도시 및 농촌의 삶에 관한 테마와 레지스탕스 운동에 관한 테마가 그것이다. 농촌의 삶 또는 일상적인 사건들을 다룬 작품으로는 총 12개의 단편으로 구성되어 있는 『알바시에서의 23일I ventitre giorni della citta di Alba』 중 후반부 6개의 단편1)과 『파멸La malora』, 『토요일의 대가La paga del Sabato』, 『불의 날Un giorno di fuoco』 등이 있다. 이들 작품에 나타난 '랑게Langhe' 지역에 한정되고 있는 농촌의 세계는, 도시와 대비된다든가 또는 같은 지역 출신의 작가 체사레 파베제 Cesare Pavese의 작품에 나타난 것과 같이 돌아갈 수 없는 신화의 세계인 고향도 아니다. 농촌 세계는 단지 현실과 저항의 무대로 비춰지고 있을 뿐이다.

레지스탕스 운동에 관한 작품으로는 '알바 시에서의 23일' 중 전반부 6개의 단편2)과 『아름다운 봄Primavera di bellezza』, '사적인 문제'3), 『빨치산 죠니 Il partigiano Johnny』가 있다. 비록 바로 앞에 언급한 작품들이 레지스탕스 운동에 관한 테마를 다루었지만, 이 작품 속에서 나타나는 빨치산 대원들의 전쟁과 에피소드의 무대는 근본적으로 농촌의 삶을 다룬 배경과 마찬가지로 랑게 지역에 일치하고 있다. 페놀리오 작품에 항상 나타나는 유일한 공간인 랑게 지역은 작가의 인생과 매우 밀접한 연관을 가지고 있으며, 작가의 예술적 기능과 역량을 형성하는데 있어서 근본적이고 필수 불가결한 요소가 된

---

1) *Ettore va al lavoro, Quell'antica ragazza, L'acqua verde, Nove lune, L'odore della morte, Pioggia e la sposa.*

2) *I ventitre giorno della citta di Alba, L'andata,Il trucco, Gli inizi del partigiano Raoul, Vecchio Blister, Un altro muro.*

3) 본 논문의 텍스트로는 Beppe Fenoglio, *Una questine privata,* in *Opere,* edizione critica diretta da M. Corti, collana 〈NUE Nuova Serie〉, Einaudi, Torin, Vol. I 3, 1978을 사용함.

것이다.

41세의 젊은 나이로 세상을 뜨기 전까지 대부분의 삶을 자신의 고향에서 보낸 페놀리오는 자신의 출신 지역인 알바Alba를 비롯한 산 베네데토 벨보San Benedetto Belbo, 무랏차노Murazzano 등의 랑게 지역마을들을 중심 무대로 인간의 삶에 대한 투쟁과 피비린내 나는 전쟁을 그의 작품에 그리고 있다. 페놀리오의 이러한 면을 코르티M. Corti는 "페놀리오는 평화와 전쟁을 겪은 두 세대의 모자이크를 한 조각 한 조각 조립하고자 하였다."4)라고 말하고 있다.

이 글에서 다루고자 하는 『사적인 문제』5)역시 랑게 지역을 무대로 레지스탕스 운동을 하고 있는 주인공 밀톤Milton 이라는 빨치산 대원의 이야기를 그린 작품이다. 작가의 타 작품에도 나타나 있지만 이 작품에서 발견할 수 있는 가장 큰 특징 중의 하나는 자연적 요소의 사용이다. 전쟁 상황에서 주인공이 개인적인 진실을 찾아 랑게 지역을 헤매는 동안 이 자연적 요소들은 서술의 배경으로서가 아니라 주역으로서 역할을 담당하고 있으며, 페놀리오는 자신의 작품에 시적 영감을 불어넣기 위하여 안개, 바람, 비, 진흙, 어둠 등의 자연적 요소를 사용하고 있다.

이 글에서는 먼저 자연적 요소들에 한정하여 개작본의 진행에 따른 작품의 수정 경향을 검토하고, 그 다음으로 자연적 요소의 이미지와 그 기능에 대해 다루고자 한다.

2) 개정작업

페놀리오의 때 이른 죽음과 여러 작품을 거의 동시에 작업하는 특성 그리고 여러 번의 개작에 의하여 동일한 제목 하에 여러 개작본이 존재함으로써, 비록 작품 연보가 어느

---

4) M. Corti, "Realta e progetto dello scrittore nel Fondo Fenoglio", in *Strumenti Critici*, n. 11, febbraio 1979, p. 42.

5) 본 논문에서는 『사적인 문제』를 약자로 QP로 사용하고자 한다.
   QP1 = Una questione privata, Prima redazione;
   QP2 = Una questione privata, Seconda redazione;
   QP3 = Una questione privata, terza redazione;

정도까지는 정확히 밝혀졌다고 볼 수 있지만 아직 완벽하게 밝혀지지 않은 것이 사실이다. 특히 학계에서는 페놀리오의 작품 중에서 『빨치산 죠니』1판과 2판의 연대기를 놓고 논쟁이 끊이지 않고 있다.6)

본 노고에서 다루고자 하는 QP 또한 3개의 개작본이 존재한다. QP중 맨 마지막 개작본이 페놀리오가 세상을 떠난 후 두 달 뒤인 1963년 4워에 『불의 날』에 포함되어, 그리고 1965년에는 대중적 성공에 힘입어 가르쟌티Garzanti 출판사에서 단행본으로 간행되었다.

QP는 쿠초니R. Cuzzoni, 그리냐니M. A. Grignani 등의 학자에 의하여 미완성 작품으로 밝혀졌으며 이는 다음과 같은 페놀리오의 노트 속에서 발견된 작품 구상 계획으로부터 알 수 있다.7)

11월 12일: 밀톤이 플비아의 빌라에 도착.
11월 13일: 밀톤이 망고에 위치한 옴브레의 붉은 여단에 도착.
11월 14일: 밀톤이 산토 스테파노와 카넬리에 도착.
11월 15일: 밀톤이 알바시(市) 근처의 기차 터널에 진입.
11월 16일: 밀톤과 네그로네가 알바로 출발.
11월 17일: 밀톤과 파스칼이 파비오의 여단 본부에 도착.
11월 18일: 포로 교환과 죠르지오의 해방.

여기에서 한 가지 눈여겨볼 것은 등장인물 중에 Pascal이 QP2까지는 Ercole라는 인명으로 나오는 것을 볼 때, 이 작품 구상 노트는 QP3을 다시 쓰기 시작했을 때 작성했다고 볼 수 있다. 현재 발견된 자료는 QP1 이 6장까지, QP2는 11장까지 그리고 QP3은

---

6) 현재 가장 대표적인 주장은 크게 두 가지로 구분되는데, 하나는 M.Corti의 주장으로 PJ(Il partigiano Johnny)1은 1945년에서1947-48년 사이에 PJ2는 1954년경에 쓰여졌다는 주장과, 다른 하나는 E.Corsini의 주장으로 PJ1은1956-57년경에 쓰여졌다는 주장이다. 이에 관해서는 M.Corti, op. cit., p. 51 및 E. Corsini, "Ricerche sul Fondo Fenoglio", in *Sigma*, 26 giungo 1970, p. 17 참조.

7) R. Cuzzoni, "Le tre redazioni di Una questione privata", in *Nuovi argomenti*,1973, p.213.

M. A. Grignani, "Nota al testo" dell'*Edizione critica* diretta da M. Corti, I 3, Einaudi, Torino, p.2237

페놀리오가 13장까지 작업을 마친 것으로 1944년 11월 12일에서 15일까지, 4일간의 에피소드만을 묘사함으로써 페놀리오는 자신이 계획을 다 이루지 못하고 세상을 뜬 것이다.

페놀리오는 임종하기 전에 가족들에게 미 발표작 중에서 QP와 더불어 『불의 날』, 『내 사랑 파코Ma il mio amore e Paco』를 제외하고 나머지 작품은 모두 없애 버리라고 부탁했다고 한다.8) 이를 고려한다면 비록 QP가 미완성 작품이지만 작가 스스로도 자신의 구상했던 바를 완벽하게 이루지는 못했더라도 충분한 가치를 지닌 작품으로 여겼다고 볼 수 있다.

작가로서 완숙한 경지에 다다랐음을 보여주는 QP는 『빨치산 죠니』와 더불어 페놀리오의 작품 중에서 최고의 작품으로 인정받고 있으며, 평소 페놀리오와 편지 왕래가 자주 있었던 I. Calvino는 이 작품의 문학적 가치에 대해 페놀리오가 사망한 후 일 년 뒤에 펴낸 그의 『거미집 속의 오솔길』서문에서 다음과 같이 평하고 있다.

> 어느 누구도 더 이상 그것을 기대하지 않았을 때, 모든 사람이 꿈꾸어 왔던 소설을 쓰는데 성공한 사람은 그 누구보다도 가장 고독한 사람이었다. 벱페 페놀리오는 그 소설을 쓰기에 이르렀고 그 소설(『사적인 문제』)을 채 마무리하지도 못하고 그 소설이 출판되는 것을 보지 못한 채, 한창의 나이인 40대에 세상을 떠났다. 우리세대가 쓰고 싶었던 책이 이제는 있다. 그리고 우리의 작업은 가치와 의미를 가지게 되었고, 단지 이제야, 페놀리오 덕분에, 한 시절이 완성되었다고 우리는 말할 수 있다. 이제야 한 시절이 정말로 있었다는 것을 우리는 확신한다. 그 시절은 『거미집 속의 오솔길Il sentiero dei nidi di ragno』에서 『사적인 문제』로 이른다.

소설 QP는 (지금의 페놀리오의 유작 『불의 날)에 포함되어 있음) 『성난 오를란도Orlando Furioso』처럼, 사랑의 광기와 기사도적인 추적에 관한 소설의 기하학적 긴장감으로 구성되어 있고, 동시에 내부와 외부의 레지스탕스 운동을 그대로 담고 있으며, 한 번도 쓰여지지 않았던 진정한 레지스탕스 운동으로서, 충실한 기억에 의해 오랫동안 투명하게 보존되었고, 겉에 드러나지 않을 만큼 강한 많은 도덕적 가치와 더불어 감동과 분노

---

8) M. G. Di paolo, *Beppe Fenoglio, fra tema e simbolo*, Longo Editore, Ravenna, 1988, p.68에서 재인용.

를 안고 있다.

> 그리고 이 책은 풍경을 그린 책이며 또한 신속하고 아주 생생한 인물로 찬 책이며, 정확하고 참된 언어로 쓰인 책이다. 또한 불합리하고 신비한 책으로 그 속에서 추적당하는 것은 다른 것을 추적하기 위해 추적당한다. 그리고 그 다른 것은 또 다른 것을 추적하기 위해서 다시 추적당하며 참된 이유에 도달하지 못한다. 내가 서문을 쓰고 싶은 책은 내 책이 아니라 페놀리오의 책이다.[9]

테마적인 측면에서 간단히 살펴볼 때 QP1의 전반부 내용은 주인공 밀톤의 친구 죠르지오Giorgio가 파시스트들에게 포로로 잡히고, 이를 구하려는 부모들의 노력을 주로 묘사하고 있다. 또한 플비아Fulvia는 죠르지오의 약혼녀로 등장하며, 밀톤과는 아무런 애정관계가 없다. 하지만 QP2와 QP3의 전반부는 QP1과는 달리 플비아는 밀톤과 죠르지오 의 애인으로 서 삼각관계를 나타내고 있으며, 플비아와 죠르지오는 실제로는 등장하지 않고 주인공의 기억 속에서만 존재하는 인물로서 플래시백flash-back을 통하여 나타나고 있다.

QP의 최종 개작본이라고 할 수 있는 QP3은 총 13장으로 구성되어 있다. 각각의 장은 처음과 마지막 공간적 배경이 플비아의 빌라로 집중되며, 거의 모든 장이 주인공의 "도착 및 출발"이라는 형태로 시간적인 사이클을 마감하고 있어 그 자체로서 하나의 독립적인 에피소드역할을 하고 있다. 이를 작품의 내용과 더불어 살펴보면 다음과 같다.

1장: 주인공 밀톤이 전쟁 전에 사귀었던 그의 애인인 플비아 빌라 앞에 도착. (플래시백을 통하여 플비아와의 만남을 회상).

2장: (플비아의 빌라를 지키고 있는 여 집사로부터 플비아와 죠르지오 사이에 친구이상의 어떤 관계가 있었다는 이야기를 들음).밀톤이 빨치산 부대가 있는 트레지오Tresio로 출발.

3장: 밀톤의 트레지오 도착.

4장: 밀톤이 트레지오에서 망고Mango로 출발. 망고에 도착. 죠르지오를 찾으러 출발.

---

9) I. Calvino, *Il sentiero dei nidi di ragno*, "Prefazione 1964", in Romanzi e racconti, a cura di M. Barenghi e B. Falcetto, Mondadori, Milano, 1993, Vol. I, pp.1201-1202.

(쉐리포Sceriffo부대원들과 같이 돌아올 죠르지오를 기다렸으나 만나지 못함).

5장: 밀톤의 쉐리포 부대 도착.

6장: (죠르지오가 생포되었다는 소식을 접함). 밀톤이 옴브레Hombre 부대를 향해 출발.

7장: 밀톤의 옴브레 부대 도착. 죠르지오와 교활한 파시스트를 생포하기 위해 칸넬리 Canelli로 출발.

8장: 밀톤의 칸넬리에 접근한 언덕에 도착. 언덕의 꼭대기로 출발

9장: 밀톤의 칸넬리 도착

10장: (밀톤이 파시스트 병장을 생포). 죠르지오와 파시스트를 상호 교환하기 위해 출발. (도망가려고 하는 파시스트 병장 사살).

11장: 밀톤의 트레초Trezzo 도착

12장: (파시스트에 의해 빨치산인 리쵸Riccio와 벨리니Bellini가 총살됨)

13장: 밀톤이 플비아의 빌라로 출발. 플비아 빌라에 도착.(파시스트들과 만남. 도망)

개작을 진행해 나감에 따라 작가는 QP2에서는 QP1의 1장과 2장을 생략하였고, QP3 에서는 죠르지오의 부모들이 자신들의 자식을 석방시키기 위해 노력하는 모습을 묘사한 QP2의 5, 6, 7장을 제외시킴으로써, 작품의 제목이 시사하듯, 내용 전체가 주인공 밀톤 의 개인적 문제로만 시선이 집중되도록 하고 있다. 이에 따라 작가는 QP2에서 제목과 관 련된 대사를 QP3에서는 완전히 삭제함으로써 자신의 의도를 관철하고 있음을 보여준다.

-Siete molto amici tu e Giorgio?   - 자넨 죠르지오와 굉장히 친한 친군가?

-Siamo nati insieme.   - 우린 같은 나이야.

-Parlare di che, scusa?   - 무슨 일인데, 미안하지만?

-Questione privata.   - 사적인 문제야.

-Va pure.   - 가보게.

QP2, II, p. 1839.

- Ah. Siete molto amici tu e Giorgio?

아. 자넨 죠르지오와 굉장히 친한 친군가?

- Siamo nati insieme,- disse Milton tra i denti.

우린 같은 나이야-밀톤이 작게 말했다.

- Dunque posso andare? Tornerò per mezzogiorno.

그럼 가도 되겠나? 정오에 돌아오겠네.

- Torna pure per sera.

저녁때나 되서 오게나.

QP3, III, p. 1957.

페놀리오는 개작본의 개정 작업 진행에 따라 새로운 소설을 쓰는 과정에 있어서, 이전에 작업했던 작품에서 필요한 부분을 정확히 발췌하여 재사용하고 있음을 알 수 있다. 그렇다고 해서 재사용된 분분을 아무런 수정 없이 작업해 놓았던 그대로 사용한 것은 절대 아니다. 페놀리오는 문장의 첨가 또는 수정을 통하여 글쓰기의 완벽함을 추구한다. 이는 페놀리오가 밝힌 자신의 글쓰기에 대한 글을 통해 알 수 있다.

> "나는 수없이 많은 동기로 글을 쓴다. 직업으로, 또한 삶의 사건과 인습이 다른 방법으로는 불가능하게 하는 보고를 계속하기 위하여, 또한 대학 졸업장을 받지 못한 16년 동안의 학업을 정당화하기 위하여, 논쟁심 때문에, 과거의 감정을 다시 살리기 위하여 등, 말하자면 수없이 많은 이유 때문이다. 유희를 위한 것은 절대 아니다. 나는 글을 쓰는 데 있어 혹독한 작업을 한다. 내가 쓴 페이지 중에서 가장 쉬운 한 페이지도 10여 번의 고통스런 재작업에 의해 자연스럽게 나오는 것이다."10)

본 논고에서 살펴보고자 하는 자연적 요소에 관련된 부분에 있어서는 문장을 전체적으로 수저하기보다는 다음 인용구에서 볼 수 있듯이 이레 연결되는 동사, 형용사 등을 교체 또는 삽입하거나, 문장 사이에 자연적 요소가 삽입된 의미의 문장을 첨가함으로써 그 요소들의 의미를 더욱 강조하고 있다.

---

10) *Ritratti su misura di scrittori italiani*, a cura di E. F. Accorocca, Sodalizio del libro, Venezia, 1960, p.1810.

아래 첫 번째 인용의 경우는 자연적 요소 중 '안개'에 관한 부분으로서, 작가는 이중 형용사'immenso(거대한)'와 'compatto(단단한)'를 삽입함과 동시에 동사 'schiacciare(~을/를 짓누르다)'를 안개와 결합시킴으로써 안개의 거대함과 견고함을 더 강조하고 있다.

> I volumi di nebbia davanti a lui galleggiavano certamente [...] QP2, Ⅲ, p. 1846.
> 많은 양의 안개가 그의 앞에서 확실하게 떠다니고 있었다...

> Un <u>immenso</u> e <u>compatto</u> volume di nebbia schiacciava [...] QP3, Ⅳ, p.1967.
> 거대하고 단단한 양의 안개가 짓누르고 있었다...

다음은 '비'에 관련된 인용구이다. 첫 번째 경우, 예전에 작업했던 문장을 그대로 이용하면서 형용사 'molto(많은)'를 첨가한 경우이다. 두 번째 경우는 관용구 'a diritto(억수같이)'를 삽입하였을 뿐만 아니라, 이 관용구를 플비아에 대한 진실까지 지워버리는 비에 반복 사용하여 비의 잔인함을 더 강조하고 있다.

> 1)[...] segno di una pioggia più violenta. QP2, IV, p.1862.
>   ... 더욱 포악한 비의 표시.

> [...] segno di una pioggia molto più violenta. QP3, VI, p.1985.
>   ... 매우 더 포악한 비의 표시.

> 2) Pioveva su Giorgio prigioniero, pioveva forse giù sul suo cadavere, così non rimaneva che Dio a dirgli la verità su Fulvia e Giorgio... QP2, IV, p.1862
> 포로인 죠르지오 위로 비가 내리고 있었다. 아마도 그의 시신 위로 비가 내리고 있었다. 그러므로 하느님만이 플비아와 죠르지오에 대한 진실을 그에게 말할 수 있었다.

> Pioveva a dirotto su Giorgio prigioniero, forse su Giorgio già cadavere,

Pioveva a dirotto sulla sua verità di Fulvia, cancellandola per sempre.
QP3, VI, p.1985.
포로인 죠르지오 위로 비가 억수같이 내리고 있었다. 아마 이미 시신인 죠르지오 위
로. 플비아의 진실 위로, 영원히 그 진실을 지우며 비가 억수같이 내리고 있었다.

'바람'의 경우, 작가는 개작본의 진행에 따라 부사 'maledettamente(사악하게)' 또는
형용사 'obliquo(사선으로 부는)'를 사용하여 바람을 형상화 하고 있다. 또한 문장의 변형
을 통해 보어(sotto il vento 바람 아래)의 위치를 주어(le acacie 아카시아)에 선행시킴으
로써 바람의 이미지를 더욱 강조하고 있다.

Era cessato di piovere, ma stillava dai rami scossi dal vento che rinforzava.
QP1, IV, p.1780.
비는 그쳤지만, 거세지는 바람에 흔들리는 가지에서 물방울이 떨어지고 있었다.

Era spiovuto, ma stillava maledettamente dai rami scossi dal vento che
rinforzava. QP2, VIII, p.1896.
비는 그쳤지만, 거세지는 바람에 흔들리는 가지에서 물방울이 매섭게 떨어지고 있었
다.

Non pioveva, ma sotto il vento obliquo le acacie sgrondavano di traverso,
quasi con malizia, con acredine. QP3, VIII, p.1994.
비는 오지 않았다. 하지만 사선으로 부는 바람 아래서 아카시아 나무는 거의 원한을
가진 듯이 가혹하게 사선으로 물방울을 떨어뜨렸다.

다음은 위의 예문들과는 달리 문장 전체를 창조하여 삽입한 경우로써, 비에 관한 인
용구를 대표적인 예로 들어본다. 이 경우에 비는 공간적 배경의 제시와 더불어 이중 형용
사 'rado e pesante'를 사용하여 비의 절대성을 추구하며, 'come'를 사용하여 비를 형상
화함으로써 상황의 어려움을 제시하고 있다.

- E dove vai a cercare?

- Vado da Hombre.

- Vai dai rossi?

- Se noi azzuri non abbiamo un prigioniero. QP2, IV, p.1862.

- 어디로 찾으러 갈 건가?

- 옴부레 부대로 갈 거야.

- 붉은 여단으로 간다는 거지?

- 우리 청록 부대에는 포로가 없으니까.

- E dove vai a cercare?

- Pioveva rado e pesante, con gocce piatte come monete.

- Vado da Hombre,-rispose Milton.

- Vai dai rossi?

- Visto che noi azzuri non abbiamo prigionieri. QP3, VI, p.1985.

- 어디로 찾으러 갈 건가?

- 비는 가끔 동전처럼 납작한 물방울로 무겁게 내렸다.

- 옴부레 부대로 갈 거야 - 밀톤이 대답했다.

- 붉은 여단으로 간다는 거지?

- 우리 청록 부대에는 포로가 없으니까.

페놀리오는 끝없는 고통스런 개정 작업을 통하여 더욱 더 완벽한 작품을 완성하고자 노력하였다. 특히 자연적 요소에 관한 부분의 개정작업에 있어서는 단어의 교체, 형용사 및 부사 첨가, 문장의 삽입 등을 통하여 이들 요소의 절대적인 이미지를 추구하고자 하였다.

3) 자연적 요소의 이미지

서두에서 잠시 언급했듯이 페놀리오는 QP1,2,3 판을 통하여 일관성 있게 자연적 요소를 사용하고 있다. 이 자연적 요소들은 실제적으로 랑게에서 흔히 볼 수 있는 자연물로써 피어나는 안개, 내리는 비, 부는 바람 등 서정적이면서 유동적 속성을 지닌 소재들이다. 이들은 자연 현상 그 자체로서 바라볼 때와 작품 속의 등장인물이 처해 있는 상황과 심리 상태를 감정 이입해서 바라볼 때의 두 가지로 나타난다고 볼 수 있다.

리처즈가 『문예 비평의 원리』에서 "이미지에 효과를 주는 것은 이미지로서의 생생함이라기보다는 오히려 감각과 특별하게 연결되어 있는 정신적 사건으로서의 특징이다"[11]라고 하였듯이, 자연적 요소의 이미지들은 단순한 공간적 배경 묘사를 넘어 등장인물의 심적 상태를 나타낸다.

자연적 요소들은 앞 장에서 살펴보았던 "도착과 출발"이라는 형틀과 맞물려 거의 모든 장의 처음 부분과 마지막 부분에 묘사되고 있다.

1장: 세 번째 단락 - 비	마지막 전 단락 - 바람	
3장: 첫 번째 단락 - 안개, 비	---	
4장: 두 번째 단락 - 안개	---	
5장: 세 번째 단락 - 안개	마지막 단락 - 비	
6장: 첫 번째 단락 - 안개	마지막 전 단락 - 비, 진흙	
7장: 첫 번째 단락 - 비, 진흙	---	
8장: 첫 번째 단락 - 밤	마지막 단락 - 바람, 비	
9장: 세 번째 단락 - 진흙	---	
10장: ---	마지막 단락 - 비	
11장: 첫 번째 단락 - 진흙, 바람	마지막 단락 - 비	
12장: 첫 번째 단락 - 하늘, 비	---	
13장: 첫 번째 단락 - 비	마지막 단락 - 하늘, 땅	

자연적 요소들은 위에서 본 각 장의 처음과 끝 부분 이외에도 전체에 골고루 분포되어 있으며, 작중 인물과 더불어 또 하나의 주인공 역할을 담당하고 있다.

주인공 밀톤은 빨치산 부대로 돌아오던 중 옛 애인인 플비아가 살던 빌라 앞에 멈춘

---

11) I. A Richards, *Principles of Literary Criticism*, Routledge and Kegan Paul Ltd., London, 1970, p.91.

다. 밀톤은 플비아의 빌라를 지키는 여집사로부터 플비아와 죠르지오 사이의 관계를 듣고 나서 마음이 몹시 상하여 빌라를 떠나온다. 자신의 부대로 복귀한 밀톤은 플비아와 죠르지오 사이에 친구 관계 이상의 관계가 있었는지, 그리고 아직도 플비아가 자신을 사랑하는지를 확인하기 위해 죠르지오를 찾아 나서기로 결심한다. 밀톤이 이러한 진실을 확인하기 위해 죠르지오를 찾아 헤매는 동안에 접하는 자연적 요소는 그의 행동과 심리에 커다란 영향을 미치며, 마음의 상태와 동일하다고 볼 수 있는 그 풍경은 밀톤의 시각을 통하여 표현되고 있다.

필자는 QP3을 중심으로 이 작품에 나오는 자연 표상 시어들 중 대표적인 안개, 비, 바람을 중심으로 이 요소들의 이미지를 살펴보고자 한다.

3-1) 안개

페놀리오는 Goirgio의 생포됨과 밀톤과 그의 동료들의 행동, 랑게 계곡의 분위기 등을 자연적 현상과 더불어 비극적 징후로 그리고 있다. 여기에 나타나는 하나의 절대적인 주인공은 안개이다. 이 안개를 중심으로 모든 사건이 전개되어 나아간다. 특히 '안개'라는 단어는 QP3의 4장과 5장에서 지속적으로 나타나고 있다. 4장의 초기에 나오는 안개와 언덕의 모습은 밀톤의 심정을 잘 알려주고 있다.

> C'era invece molta nebbia, intasava i valloni e si stendeva in lenzuola oscillanti sui fianchi merci nelle colline. Per le colline mai aveva provato tanta nausea, mai le aveva viste così sinistre e fangose come ora, tra gli squarci della *nebbia*.[12]
>
> 반대로 많은 안개가 계곡을 막고 있었고, 구릉의 측면에서 흔들리는 침대 시트처럼 펼쳐져 있었다. 그는 구릉에서 이처럼 구역질을 느껴본 적은 결코 없었고, 안개의 틈 사이에서 지금처럼 이렇게 불길하고 진흙투성이의 구릉을 본 적이 한 번도 없었다.

죠르지오가 생포된 직접적 원인이 안개 때문이라는 것을 밀톤과 Nemega의 대화를 통하여 알 수 있다.

---

12) Beppe Fenoglio, *Una questione privata* cit., p. 1961.

Quando l'hanno beccato?

- Stamattina.

- Dove?

- Sull'altro versante. Verso Alba.

- Come?

- La nebbia. Da noi era un mare di latte.

- È tuo fratello?

- No.13)

언제 그를 붙잡았는데?

- 오늘 아침에.

- 어디서.

- 다른 비탈면에서. 알바 방면이지.

- 어떻게?

- 안개야. 우리 쪽은 우유 바다였거든.

- 자네 동생은?

- 몰라.

죠르지오가 안개 때문에 생포된 것은 부정적 측면이지만 안개는 죠르지오가 자의적으로 동료들의 눈을 피해 숨을 수 있게 하거나, 주인공이 적들로부터 몸을 숨길 수 있게 하는 긍정적인 측면으로 작용하기도 한다.

Sceriffo aveva ragione a pensare che Giorgio aveva sfruttato la nebbia apposta per restar solo.14)

죠르지오가 혼자 남기 위해 고의적으로 안개를 활용했다고 생각한 쉐리포가 옳았다.

안개의 무형성은 안전과 고립을 위협하는 의미를 발생시키며 현실을 감추고 이성적인 시각을 환각적인 시각으로 변형시킨다. 안개는 독자적으로 또는 다른 자연적 요소와 연관

---

13) *Ivi*, p. 1992.

14) *Ivi*, p. 1967.

되어 나타남으로써, 글의 짜임 면에서 부정적인 효과를 나타내는 결정적인 요소가 되고 있으며 은유적 고리로서 소설을 지배하고 있다. 다음은 안개가 색채 및 시각적 이미지와 더불어 의인형 은유로써 묘사적 기능으로 사용된 경우이다.

> - La nebbia, -mormorò Milton.
>   Per descrivere la nebbia Sceriffo si alzò dalla panchina.
> - Immaginati un mare di latte. Fin contro la casa, con le lingue e delle poppe che cercavano di entrare nella nostra stalla.[15]
> - 안개라고 - 밀톤이 중얼거렸다.
>   안개를 묘사하게 위해 쉐리포가 의자에서 일어났다.
> - 우유바다를 상상해 보게나. 집을 향해서까지 혀와 꼬리를 가지고 우리가 있는 외양간으로 들어오려고 하는.

안개를 은유적으로 나타내는 'un mare di latte(우유바다)'를 사용하여 안개의 유동성과 거대함을 시각적으로 표현하고 있고, 안개가 'lingue(혀)'와 'poppe(꼬리)'를 가진 형태로 묘사함으로서 안개를 의인화하고 있다. 특히 'un mare di latte'는 농무를 나타내는 단어인 'nebbione'와 더불어 작품의 여러 장에 걸쳐 반복적으로, 지속적으로 나타나고 있다.

3-2) 비

비는 대체로 정화 작용, 정신적 감화 등을 연상하는 개념으로 알려져 있다. QP에 나타난 비의 이미지는 단순한 공간적 배경 제시와 더불어 등장인물들의 행동을 구속하는 요소로서 나타나고 있고, 자유로운 이미지인 시각적 이미지와 더불어 비를 '납덩이 piombo'와 결합시켜 금속화시킴으로써 구속적 이미지인 통각적 이미지를 지니고 있다.

> Pioveva come non mai, a piombo, selvaggiamente. La strada era come una pozzanghiera senza fine nella quale egli guardava come in un torrente per

---

15) *Ivi,* p. 1975.

lungo, I campi e la vegetazione stavano sfatti e pronti, come violentati dalla pioggia. La pioggia assordava.[16)

결코 내린 적이 없는 것처럼 무겁게, 야생적으로 비가 내리고 있었다. 거리는 끝없는 웅덩이 같았고, 그 안에서 그는 오랫동안 개울물 속을 바라보고 있는 것 같았다. 들과 나무들은 비에 의해 폭행을 당한 것처럼 망가졌다. 비가 귀를 먹게 했다.

Le *gocce* gli picchiavano in testa come di piombo, e aveva a volte voglia di urlare d'intolleranza.[17)

빗방울이 납덩이처럼 머리를 때렸고, 그는 가끔 참을 수 없어서 소리를 지르고 싶었다.

비는 항상 부정적인 요소로 작용하는 것은 아니다. 행동의 중단, 즉 잠깐의 휴식을 알리는 긍정적 요소로서 사용되고 있다.

E adesso fammi dormire. Fuori prese a pioggerellare.[18)

이제 잠 좀 자게 해줘. 밖에서는 가랑비가 내리고 있었다.

특히 비는 흙과 융합되어 진흙을 형성하고, 주인공을 비롯한 등장인물들의 움직임에 커다란 방해 요소로 작용한다.

Le piogge e gli smottamenti avevano cancellato ogni sentiero, segretolato ogni rilievo. Traversava, affondando nel *fango* fino alle caviglie. Non poteva avanzare di più di un guattro passi senza doversi fermare a scollarsi i chili di fango che gli gravavano gli scarponi.[19)

비와 무너져 내린 흙은 모든 오솔길을 지웠고, 모든 고지대를 감췄다. 그는 발목까

---

16) *Ivi*, p. 2058.

17) *Ivi*, p. 2059.

18) *Ivi*, p. 1978.

19) *Ivi*, p. 1978.

지 빠지는 진흙 속에 빠지며 길을 건너고 있었다. 그는 군화를 무겁게 하는 엄청난 무게의 진흙을 떼어내기 위해 멈추지 않고 네 발자국 이상 나아갈 수 없었다.

3-3) 바람

안개와 더불어 바람은 QP에서 또 하나의 상징적 주인공이 되고 있다. 바람은 위에서 보았던 두 요소와는 달리 긍정적 이미지를 지니고 있지 않으며, 인물들의 행동을 방해하고, 심리적 부담을 안기는 부정적 이미지로 작용한다.

다음 지문에서 비가시적 요소인 바람은 다른 자연적 요소를 통하여 가시적 요소로 나타내고 있다. 바람은 이중 형용사(forte 강한, sinistro 불길한)와 결합하여 강함의 이미지와 부정적 이미지 또는 불길한 징조를 암시하며, 바람이 '무덤'에서 나올 것이라는 말을 통하여 죽음의 이미지를 불러일으키고 있다.

Camminavano in cresta, pigliando di petto un vento forte, sinistro, di un freddo già invernale. Un vento, disse Meo, che senz'altro nasceva dalle tombe spalancate di uno di quei cimiteri d'alta collina dove lui non sarebbe rimasto nemmeno da morto fucilato.[20]

그들은 가슴에 이미 겨울 추위를 지닌 강하고 불길한 바람을 맞으며 능선을 걷고 있었다. 메오는 바람이 틀림없이 높은 구릉에 있는 공동묘지 중 하나인 열린 무덤들로부터 나왔을 것이라고 말했다.

특히 바람은 비가 그친 다음에 연이어 나타남으로써 그 이미지를 더욱 강조하고 있다.

Non pioveva, ma sotto il vento obliquo [...][21]
비는 오지 않고 있었지만, 사선으로 부는 바람 아래서...

Era appena spiovuto e tirava un vento così forte e radente [...][22]

---

20) *Ivi*, p. 1970.

21) *Ivi*, p. 1994.

22) *Ivi*, p. 2033.

비가 막 멈췄고, 너무도 강하고 날카로운 바람이 불고 있었다...

자연적 요소들이 독립적으로 나타날 때 이외에도 이 요소들은 한 요소가 소멸하면 다른 요소가 곧바로 나타나거나, 도는 자연적 요소가 겹쳐서 나타남으로써 주인공의 행동과 심리에 한 치의 틈을 주지 않고 상황의 긴박감을 더함으로써 독자들에게 연속적인 긴장감을 발생시키는 역할을 하고 있다.

Non pioveva. C'era invece molta nebbia[...][23]
비는 오지 않고 있었다. 반면에 많은 안개가 있었다...

Non pioveva, ma sotto il vento obliquo[...][24]
비는 오지 않고 있었지만, 사선으로 부는 바람 아래서...

Milton era già lontano, schiacciato dal vento e dall'acqua[...][25]
밀톤은 바람과 비에 짓눌려 이미 멀리 있었다.

지금까지 QP3에 나타난 대표적인 자연적 요소들의 쓰임을 알아보았다. 내리는 비, 피어오르고 움직이는 안개, 그리도 부는 바람 등은 일상적 자연에 변화를 가져와 모든 만물을 혼돈의 상태로 몰아넣는다. 자연적 요소들은 등장인물의 심리에 따라 다르게 보이며, 또한 주인공의 마음을 자극한다. 따라서 이들은 시적 자아를 혼돈의 세계로 유도하는 매개물이자 동시에 긍정과 부정, 선과 악의 상징이 되고 있음을 알 수 있다.

웰렉과 워렌은 「상징」이 「이미지」나 「메타퍼」와 달라지는 것은 어떤 중요한 의미가 있을까? 우리는 대체로 반복과 지속성에서 「상징」을 생각한다. 하나의 「이미지」가 한번은 메타포로서 환기될 수 있지만, 그것이 묘사와 재현으로서 거듭해서 나타나면, 그것은 하나의 상징이 되고, 심지어는 상징적(혹은 신화적)체계의 부분이 될 수 있다"[26]고 하였다.

---

23) *Ivi,* p. 1961.

24) *Ivi,* p. 1994.

25) *Ivi,* p. 2008.

26) 르네 웰렉, 오스틴 워렌, [문학의 이론], 이경수 옮김, 문예출판사, 서울, 1990, p. 274.

페놀리오는 안개, 바람, 비 등 단순한 일상어를 섬세한 이미지로 변화시켜 다양하게 사용하였으며 그 의미를 확대, 심화함으로써 시어의 상징적 가치를 제고시키는 데 의도적으로 힘쓰고 있음을 발견할 수 있다.

4) 맺음말

지금까지 QP에 나타난 자연적 요소들에 관련된 표면적 구조인 형식적 측면과 그 심층적 구조인 내면적 측면을 살펴보았다. 페놀리오는 개작을 진행해 나가는 데 있어서 이전에 작업했던 작품들을 재인용 및 수정, 삽입, 변경 등의 방법을 통하여 글쓰기의 완벽함을 추구해 나감을 자연적 요소에 관련된 인용구들을 중심으로 살펴보았다.

페놀리오의 작품 QP에 나타난 자연적 요소는 물질 자체로서의 자연이 아니라 생명력이 부여된 존재로서 파악되고 있다. 자연적 요소인 안개, 바람, 비 등은 단순한 공간적 배경의 제시와 더불어 위험, 안전, 고통, 혼돈 등의 이미지를 내포하는 상징적 의미로서 사용되고 있다. 또한 이 자연적 요소들은 각각 독립적인 언어로서 나타나지만 작품 속에서 독립적으로 또는 상호 연관되어 반복적으로 끊임없이 나타남으로써 더 심오한 측면에서 볼 때 상호간에 같은 가치를 지닌 하나의 동일한 의미를 나타내어 일종의 상징체계를 이루고 있다.

참고 문헌

Beppe Fenoglio, *Opere*, edizione critica diretta da M. Corti, collana <NUE Nuova Serie>, Einaudi, Torino, 1978. Vol. I, 3.

Ritratti su misura di scritori italiani, a cura di E. F. Accrocca, Sodalizio del libro, Venezia, 1960.

I. A. Richards, *Principles of Literary Criticism*, Routledge and Kegan Paul Ltd., London, 1970.

M. Corti, "Realtà e progetto dello scrittore nel Fondo Fenoglio", in *Strumenti critici*, n. 11, febbraio 1970.

E. Corsini, "Ricerche sul Fondo Fenoglio", in *Sigma*, 26 giugno 1970.

R. Cuzzoni, "Le tre redazioni di *Una questione privata*", in *Nuovi argomenti*, 1973.

M. A. Grignani, "Nota al testo" dell'edizione critica diretta da Maria Corti, Einaudi, I-3.

M.G. Di Paolo, *Beppe Fenoglio, fra tema e simbolo*, Longo Editore, Ravenna, 1988.

I. Calvino, *Il sentiero dei nidi di ragno*, "Prefazione 1964", in *Romanzi e racconti*, a cura di M. Barenghi e B. Falcetto, Mondadori, Milano, 1993, Vol. 1.

르네 웰렉, 오스틴 워렌, 문학의 이론, 이경수 옮김, 문예출판사, 서울, 1990.

Ⅳ. 작품과 언어

1. 벱페 페놀리오의 글쓰기: 단편 『수페리노 Superino』의 세 판본을 중심으로.

> 소설가의 매체는 언어이다. 그가 무엇을 하든지, 소설
> 가라면 그는 언어 속에서 그리고 언어를 통해서 한다.
> - David Lodge

1) 서론

벱페 페놀리오 Beppe Fenoglio (1922-1963)의 작품세계를 간단히 고찰해 본다면 두 가지 테마, 즉, 자신이 태어나서 일생을 마감할 때까지 살았던 랑게(Langhe)지역을 배경으로 농민들의 삶을 다룬 테마와 제 2차 세계대전 당시의 자신이 직접 참여해서 활동했던 레지스탕스 운동을 다룬 테마로 압축할 수 있다.

페놀리오의 대부분의 작품은 작가가 짧은 생애를 마침에 따라 생존시에 발표되지 못하고 사후에 나오게 되었다. 그리하여 오늘날 동일한 제목 하에 여러 판본이 존재하고 작업시기의 모호함과 관련 자료의 부족으로 인하여 현재까지 문헌학자들 사이에서 작품 연대기를 정립하는데 비상한 관심의 대상이 되고 있다.

Hayes와 Flower는 글쓰기 과정이 세 가지 과정, 즉, 계획, 전개, 재독서와 수정을 포함하는 재검토 작업 과정을 통해 이루어진다고 밝히고 있다.[1] 특히 출판을 목적으로 하

---

1) J.R. Hayes & L.S. Flower, *Identifying the Organization of Writing Process*, (1980), in Di Corno, *La scrittura. Scrivere, riscrivere, sapere di sapere*, Catanzaro, Rubettino, 1999, p. 23.

는 글이라면 재검토 작업은 반드시 거쳐야할 과정이다.

작가에 따라 재검토 작업을 실시하는 면을 크게 두 가지로 구분한다면, 출판사에 원고를 넘기기 전에 검토 작업을 마치고, 출판이 된 후에는 더 이상 손을 대지 않는 작가와 이미 작품이 출판되었다 하더라도 자신의 작품에 다시 날카로운 메스를 가함으로써 개정된 작품을 세상에 다시 내놓는 작가로 구분할 수 있다.

페놀리오는 상기한 두 부류에 모두 속한다고 할 수 있는데, 그의 재검토 작업은 글을 쓰기 시작한 초기부터 이미 이루어졌으며, 작가의 고백에도 매우 잘 나타나 있다.

> 나는 수많은 동기로 인하여 글을 쓴다. (중략) 나는 글을 쓰는 일에 피나는 노력을 기울인다. 가장 쉬운 한 페이지도 수 십 번의 고통스러운 작업에 의해 자연스럽게 나오는 것이다.
>
> Scrivo per un'infinità di motivi. […] Ci faccio una fatica nera. La più facile delle mie pagine esce spensierata da una decina di penosi rifacimenti.[2]

랑게풍의 작품에 대한 페놀리오의 개정작업은 레지스탕스적 테마를 가진 작품과 비교해 볼 때 그리 많은 부분을 차지하지 않는다.

이 논의에서는 랑게풍의 작품 중 『수페리노 *Superino*』를 중심으로 내용 또는 의미적인 측면에서 매우 중요한 역할을 하는 물과 관련된 요소인 '소용돌이'의 상징적 의미를 간단히 고찰한 후, 작품 안에서 '소용돌이'가 차지하는 위치가 중요한 만큼 작가가 개작을 진행해 나가면서 이 부분과 관련하여 언어적 또는 형식적인 측면에서도 많은 심혈을 기울였을 것이라는 점에 착안하여 세 개의 판본에 나타난 글쓰기의 차이점을 비교·검토하고자 한다.

이 연구는 작가의 작품 중 일부분에 연구가 국한됨으로써 작품 전체에 관한 결론을 내리는데 그 한계가 있다. 하지만 이 논의를 통하여 작품의 수정 작업의 종류, 개작 방향, 수사학적 장치 등을 살펴봄으로써 페놀리오의 글쓰기를 살펴볼 수 있는 단초가 될 수 있다는 점에서 그 의의가 있다고 사료된다.

---

2) *Ritratti su misura di scrittori italiani*, a cura di E. F. Accrocca, Venezia, Sodalizio del libro, 1960, p. 181.

2) '소용돌이(il gorgo)'의 상징성

이 논의에서는 페놀리오의 작품에서 물과 관련된 요소인 비, 강물, 우물 등에 나타난 이미지는 생략하기로 하고, 현재 논의 대상인 『수페리노』에 있어서 가장 중요한 전개요소이며, 물과 관련된 요소인 '소용돌이'의 상징성에 대해서만 언급하기로 한다.[3]

물에 관련된 요소는 페놀리오 사망 직후인 1963년에 가르잔티 Garzanti 출판사에서 단행본으로 출판된 단편집 『불의 날 *Un giorno di fuoco*』에 실려있는 작품들에서도 잘 나타나 있다. 특히 『수페리노』에 나타난 소용돌이의 이미지는 다른 작품에서도 언급된 뱀과의 비유와 더불어 사물들의 형상을 사후의 세계와 연관시키고, 자살에 얽힌 에피소드를 삽입함으로써 이미 이전에 언급한 작품에서 보다 더욱 풍부하게 묘사되어 있다.

『수페리노』는 화자인 나는 시골에 갔다가 빨강 머리 소년, 수페리노 Superino를 알게 되었고, 9년이 지난 후 어느 날 다시 그곳을 방문했다가 숙모로부터 수페리노가 신부와 여선생 사이에서 태어난 자식이라는 것을 알게되어 부끄러움을 견디지 못해 벨보 강(Il fiume Belbo)의 소용돌이에 빠져 자살했다는 소식을 전해 듣는다는 내용이다.

수페리노는 친구인 나에게 소용돌이에 관한 일화를 소개한다.

> "이게 소위 말하는 소용돌이야" 하고 그는 나에게 속삭였다.
> "알아". 나는 단숨에 말하고는 마치 뱀의 가죽과 같이 다양한 색깔의 깊은 물을 흘끗 쳐다보았다. 물은 마치 얼어붙은 것처럼 전혀 움직이지 않았지만, 물에 잠긴 나무뿌리와 가지는 마치 연옥의 영혼들처럼 흔들거리고 있었다.
> "이 소용돌이에서 2년 전에 모렛티 집안의 조금 모자라는 듯한 가련한 여자를 임신시켰다고 고소를 당한 피에트로 코뇨가 익사했어" 하고 수페리노는 거의 분절하다시피 하면서 천천히 말했다. "일년 전에는 자기 아버지로부터 베르나 방앗간에 회원이 되는데 필요한 돈을 거절당한 우고 파죠네가 마찬가지로 이 소용돌이에서 자살했어". "무섭지?"
> "물이?" 나는 질문을 회피하면서 대답했다.

---

3) 작품 전반에 나타난 물과 관련된 이미지에 관해서는 본인의 졸고 「페놀리오의 작품에 나타난 물의 이미지」, 이어이문학 제 6집 1권, 한국이어이문학회, 서울, 2000를 참조하시오.

- Questo è quello che noi chiamiamo un gorgo, - mi bisbigliò.

- Lo so, - dissi io in un soffio, e guardavo di traverso l'acqua profonda, variegata come la pelle dei serpenti. Era perfettamente immobile, come raggelata, ma le radici e i rami sommersi si agitavano come anime del purgatorio.

- In questo gorgo, due anni fa, - riprese Superino adagio, quasi sillabando, - si è annegato Pietro Cogno, accusato di aver ingravidato la povera scema dei Moretti. E un anno prima, in questo stesso gorgo, si era annegato Ugo Fazzone, quando il suo vecchio gli rifiuto i soldi per entrar socio nel mulino della Verna. Tu hai paura?

- Dell'acqua? - feci, eludendo la domanda.[4]

제목 자체가 이미 그 의미를 담고있는 단편 『소용돌이 Il gorgo』는 아버지가 자살하기로 결심했다는 것을 눈치 챈 아들이 아버지를 계속해서 뒤따라감으로써 아버지가 자살을 포기한다는 내용의 이야기이다. '소용돌이'의 상징성은 이 작품의 첫 부분(incipit)에 곧바로 나타나있다.

아버지는 소용돌이로 향하기로 결심했다. 우리 대가족 중에서 아홉 살이며 막내인 나만이 그것을 알아차렸다.
Mio padre si decise per il gorgo, e in tutta la nostra grossa famiglia soltanto io lo capii, che avevo nove anni ed ero l'ultimo.[5]

또한 동일 작품의 마지막 부분에서 '소용돌이'는 악의 상징이라고 할 수 있는 뱀과 연결되며, 이와 유사한 표현은 『수페리노』에도 사용된다.

소용돌이는 바로 그곳, 울창한 풀고사리 바로 뒤에 있었고, 움직이지 않는 물은 마

---

4) B. Fenoglio, *Superino*, in Opere, edizione critica diretta da Maria Corti, vol. II, tomo, 4, Torino, Einaudi, 1978, pp. 489-490.

5) B. Fenoglio, *Il gorgo*, vol. III, tomo, 5, cit., p. 7.

치 뱀의 가죽과 같았다.

Il gorgo era subito lì, dietro un fitto di felci, e la sua acqua ferma sembrava la pelle d'un serpente.[6]

작가의 작품 중에서 가장 드라마틱한 작품으로 여겨지고 있는 중편소설 『파멸 *La malora*』에서 '소용돌이'는 비록 작품 전개과정상 중요 요소로서 역할은 하지 않지만 그 상징적 의미는 매우 잘 나타나 있다.

가난 때문에 팔려간 한 머슴의 고달픈 삶을 그린 이 작품에서 주인공 아고스티노 Agostino는 아버지 장례를 치른 후 자신을 머슴으로 고용한 토비아 Tobia의 집을 향하여 다시 길을 나섰을 때 자살을 생각하지만 가련한 어머니와 동생을 생각하여 포기한다.

나는 이제 막 내 아버지를 장사지냈다. 그리고 나서 벌써 나는 고통스러운 인생을 완전히 다시 시작하기 위해 가고 있었고 아버지의 죽음조차도 나의 운명을 바꾸지 못했다. 나는 오른 쪽으로 가로질러 벨보 강에 갈 수 있었고 그곳에서 상당히 깊은 소용돌이를 찾을 수 있었다.

Avevo appena sotterato mio padre e già andavo a ripigliare in tutto e per tutto la mia vita grama, neanche la morte di mio padre valeva a cambiarmi il destino. E allora potevo tagliare a destra, arrivare a Belbo e cercarvi un gorgo profondo abbastanza.[7]

농촌의 삶을 그린 랑게풍의 작품에서는 물과 관련된 요소로서 비, 강물, 우물 그리고 상기한 소용돌이 등이 나타나고 있다. 물의 이미지는 작품에 따라 인물, 내용 그리고 사건에 직접 또는 간접적으로 연관되어 있으며 이들 모두는 죽음을 상징하고 있다.

---

6) *Ivi*, p. 8.

7) B. Fenoglio, *La malora*, vol. II, tomo, 4, cit., p. 371.

3) 『수페리노』의 세 판본 비교

3-1) 내용적 측면

『수페리노』는 단편집인 『불의 날』에 실린 작품 중 하나로서, 1978년 에이나우디 Einaudi에서 출판된 비평본에는 최종 판본 이외에도 페놀리오가 생전에 작업한 두개의 판본을 추가로 제공한다. 이 중에서 판본 2는 미완성 작품으로 그리고 판본 1과 판본 3은 각각 완성된 작품으로 전해 오고 있다.

판본 1의 줄거리를 간단히 살펴보면, 빨강머리 소년인 수페리노는 리포 Lipo의 아들이다. 이 이야기의 화자인 나는 시골에 갔다가 수페리노를 사귀게 되었고, 어느 날 수페리노와 함께 벨보 강에 가는 도중에 수페리노와 같은 머리 색깔을 지닌 동네 신부(il prete)를 우연히 만나게 된다. 9월의 어느 날 성당회보를 돌리는 일을 맡은 나와 수페리노는 늙은 여선생의 집을 방문하게 되어 여선생을 알게 된다. 어느 날 여러 사람과 카드놀이를 하고 있던 수페리노는 사냥터 감시원으로부터 자신이 신부와 여선생의 자식이라는 것을 듣게 되고, 나는 수페리노가 부끄러움을 견디지 못해 벨보 강의 소용돌이에 빠져 자살했다는 소식을 9년이 지난 후에 접한다.

페놀리오는 판본 1에서 판본 2로 개작을 진행함에 따라, 판본 2의 초반부에서는 판본 1에는 언급하지 않았던 공간인 수페리노의 집과 그의 부모에 대한 인물 묘사를 첨가하고, 수페리노의 부모 이름을 판본 1과는 달리 필립포 움베르토 Filippo Umberto와 테레사 마그다 Teresa Magda로 개명한다. 이와 더불어 판본 1에서 수페리노의 빨강머리가 동네 성당의 신부와 같다는 내용을 판본 2에서는 그의 아버지와 같다고 수정함으로써 수페리노는 신부와 아무런 연관 관계가 없는 것으로 묘사한다.

판본 2에서 내용상 수정된 점을 대부분 그대로 유지하고 있는 판본 3은 판본 1과 현격한 차이점을 보여주는데, 그 것은 특히 작품의 중반부에 새롭게 첨가되어 있는 폭풍우에 관한 에피소드이다.

> 그녀가 말했다. "생각해 보면, 아침 내내 날씨가 아주 화창했었어. 바람도 약간 불었지만, 성가실 정도는 아니었지. 오히려 기분을 좋게 했지. 그런데, 점심 식사가 거의 끝나갈 무렵, 갑자기 하늘이 캄캄해지더니 해를 집어 삼켰어. 굉장히 강한 바람

에 밀려 얼굴과 목 사이로 유다의 마음과 같은 검은 구름이 항상 몸바르카로 쪽에서 왔던 것처럼 다가 왔지. 첫 천둥소리가 나자마자 폭우가 쏟아졌어".

- E pensare, - disse Lei, - che per tutta la mattina c'era stato un bellissimo sole. Anche un po' di vento, ma di quello che non disturba, anzi rallegra. Poi, di colpo, mentre si stava finendo di pranzare, il cielo si annerí e il sole fu ingoiato. Spinte dal vento marino c'erano arrivate tra capo e collo, come sempre da parte di Mombarcaro, certe nubi nere come l'anima di Giuda. Col primo tuono venne giú l'acquazzone.[8]

즉, 폭풍우 때문에 축구경기가 취소되고, 그 대신에 선술집에서 사냥감시원과 카드놀이를 하던 중에 싸움이 일어나게 되었으며, 화난 사냥감시원이 수페리노가 신부와 여선생 사이에서 태어난 자식이라는 것을 폭로함으로써 부끄러움을 느낀 수페리노는 소용돌이에 빠져 자살하며, 신부는 수페리노가 자신의 자식이라는 것을 은폐하기 위하여 필립포 움베르토에게 수페리노를 맡기고, 선심을 베풀었다는 내용이 첨가된다.

화자가 마을의 한 노인으로부터 전해들은 수페리노의 죽음을 가져오는데 매우 중요한 역할을 맡은 상기한 에피소드의 첨가는 작품 속에 나타난 물의 상징적 의미를 더욱 강화시키며, 이로 인하여 카드놀이를 하게 되기까지의 자세한 내용을 첨가함으로써 작품의 전개과정을 더욱 단단하게 하는 역할을 하고 있다.

3-2) 언어적 측면

다음은 세 판본 중에서 소용돌이의 묘사에 관한 부분이다.[9]

   ⓐ 벨보 강의 그 지점에 있는 물은 나무뿌리와 물에 잠긴 나무 가지처럼 움직이지 않았고, 약초를 달인 물 같이 밤색을 띠고 있었다. ⓑ "이것이 소위 말하는 소용돌이야" 그는 나에게 속삭였다. ⓒ 그는 일어나려고 하지도 화약을 꺼내기 위해 손을 호주머니에 넣으려고 하지도 않았다. 나는 균형을 잃고 소용돌이에 떨

---

8) B. Fenoglio, *Superino*, cit., p. 497.

9) 문장을 알파벳순으로 표시한 것은 필자의 것임.

어질까 봐 두려웠으며 수페리노를 잡아 일으킬 힘도 여력도 없었다.   ⓓ 나는
그 물이 미덥지 않았고, 물의 부동성과 색깔, 물에 잠긴 나무뿌리들의 흔들림이
꺼림칙했다.

ⓔ 나는 그가 아직 결정하지 못한 것을 보고는 그로부터 눈을 떼어 포플러나무를
쳐다보았다. 한줄기의 바람이 나무 가지로 불어왔고 그 것은 마치 많은 프로펠
러처럼 은색의 나뭇잎을 빙글빙글 돌리기에 충분했다. 하지만 나는 그것에도 싫
증이 나서 그에게 소리쳤다. "물 그만 쳐다보고 그 일이나 하자."

ⓕ "넌 물이 무섭지?" 그는 나에게 매우 쉰 목소리로 말했다. 그리고는 똑바로 쳐
다보지도, 돌아보지도 않았다.

ⓖ "내가?"

ⓐ In quel punto di Belbo l'acqua era ferma, come rappresa intorno alle
radici e ai rami annegati, e del color marrone dei decotti. ⓑ - Questo è
quello che noi chiamiamo un gorgo, - mi bisbigliò lui. ⓒ Non accennava
a rialzarsi e a mettere la mano in tasca per la pastiglia. Mi venne paura
che perdesse l'equilibrio e cascasse nel gorgo e io poi non avessi la forza
e l'abilità di tirarlo fuori. ⓓ Di quell'acqua non mi fidavo, non mi andava
la sua immobilità, quel suo colore, le vibrazioni delle radici sommerse.

ⓔ Visto che lui ancora non si decideva, gli tolsi gli occhi di dosso e li alzai
ai pioppi. Tirava nei rami un filo d'aria, e bastava a far vorticare come
tante elichette le foglie d'argento. Ma mi stancai anche di quello e gli
gridai: - Smettila di fissare l'acqua e facciamo la cosa.

ⓕ - Tu hai paura dell'acqua? - mi fece con la sua voce vecchia vecchia. E
non s'era drizzato né voltato.

ⓖ - Io?[10] (판본 1)

ⓗ "이게 소위 말하는 소용돌이야" 그는 나에게 속삭였다.

ⓘ "알아." 나는 단숨에 말하고 어느 때는 약초를 달인 균일한 밤색이고 또 다른
때는 마치 뱀의 가죽처럼 다양한 색깔의 물을 담고 있는 깊은 웅덩이를 흘끗 쳐

---

10) B. Fenoglio, *Superino*, cit., p. 643.

다보았다. ⓙ 물은 얼어붙은 것처럼 전혀 움직이지 않았다. 하지만 물에 잠긴 나무뿌리와 가지는 마치 연옥의 영혼처럼 흔들거리고 있었다.

ⓚ "이 소용돌이에서 2년 전에 모렛티 집안의 조금 모자라 보이는 가련한 여자를 임신시켰다고 고소를 당한 피에트로 코뇨가 익사했어" 하고 수페리노는 거의 분절하다시피 하면서 천천히 말했다. 그리고 "일년 전에는 자기 아버지로부터 크라반자나 방앗간의 회원이 되는데 필요한 돈을 거절당한 우고 파죠네가 마찬가지로 이 소용돌이에서 자살했어".

ⓛ 똑바로 쳐다보지 않고, 머리를 약간 돌리고 나에게 말했다. "무섭지?"

ⓜ "물이?" 나는 질문을 회피하면서 대답했다.

ⓗ - Questo è quello che noi chiamiamo un gorgo, - mi bisbigliò.

ⓘ - Lo so, - dissi io in un soffio e guardavo a traverso la pozza profonda, con l'acqua che a un momento era del marrone unito dei decotti e l'altro si faceva variegata come la pelle di un serpente. ⓙ L'acqua era perfettamente immobile, ma come raggelata, le radici e i rami sommersi si agitavano come anime nel purgatorio.

ⓚ - In questo gorgo, due anni fa, - disse Superino adagio, quasi sillabando, - si è annegato Pietro Cogno, accusato di aver ingravidato la povera scema dei Moretti. E un anno prima, in questo stesso gorgo, si era annegato Ugo Fazzone, quando il suo vecchio gli rifiuto i soldi per entrar socio nel mulino di Cravanzana.

ⓛ Senza drizzarsi, voltando appena la testa mi fece: - Tu hai paura?

ⓜ - Dell'acqua? - risposi io con un sussulto.[11] (판본 2)

ⓝ "이게 소위 말하는 소용돌이야" 하고 그는 나에게 속삭였다.

ⓞ "알아." 나는 단숨에 말하고는 마치 뱀의 가죽과 같이 다양한 색깔의 깊은 물을 흘끗 쳐다보았다. 물은 마치 얼어붙은 것처럼 전혀 움직이지 않았지만, 물에 잠긴 나무뿌리와 가지는 마치 연옥의 영혼들처럼 흔들거리고 있었다.

ⓟ "이 소용돌이에서 2년 전에 모렛티 집안의 조금 모자라 보이는 가련한 여자를 임신시켰다고 고소를 당한 피에트로 코뇨가 익사했어" 하고 수페리노는 거의 분

---

11) *Ivi*, p. 658.

절하다시피 하면서 천천히 말했다. "일년 전에는 자기 아버지로부터 베르나 방앗
간의 회원이 되는데 필요한 돈을 거절당한 우고 파죠네가 마찬가지로 이 소용돌
이에서 자살했어". "무섭지?"

ⓠ "물이?" 나는 질문을 회피하면서 대답했다.

ⓝ - Questo è quello che noi chiamiamo un gorgo, - mi bisbigliò.

ⓞ - Lo so, - dissi io in un soffio, e guardavo di traverso l'acqua profonda,
variegata come la pelle dei serpenti. Era perfettamente immobile, come
raggelata, ma le radici e i rami sommersi si agitavano come anime del
purgatorio.

ⓟ - In questo gorgo, due anni fa, - riprese Superino adagio, quasi sillabando,
- si è annegato Pietro Cogno, accusato di aver ingravidato la povera
scema dei Moretti. E un anno prima, in questo stesso gorgo, si era
annegato Ugo Fazzone, quando il suo vecchio gli rifiuto i soldi per entrar
socio nel mulino della Verna. Tu hai paura?

ⓠ - Dell'acqua? - feci, eludendo la domanda.[12] (판본 3)

먼저, 예시한 지문에서 판본1과 2의 두드러진 차이점은 인물의 행동 및 배경 묘사 부
분을 삭제(ⓒ, ⓔ)하는 대신에 피에트로 코뇨와 우고 파죠네가 익사한 에피소드를 삽입
(ⓚ)한 것이다. 그 결과로서 판본 2와 3에서는 '소용돌이'에 관련된 과거의 사건 속으로
독자들의 관심을 집중시키는 효과를 가져오며, 죽음을 나타내는 '소용돌이'의 상징적 의미
를 부가함과 더불어 이 작품의 결말인 수페리노의 죽음을 암시하는 상징적 예고로서의
역할을 한다.

반복되는 동일한 의미의 문구를 삭제하는 방법 또한 잘 나타나 있는데, 판본 1의 경
우, 작가는 물의 부동성을 두 번에 걸쳐 언급하고 ("l'acqua era ferma" e "la sua
immobilità") 있으며, "색깔 il colore"을 반복하여 ("color marrone dei decotti" e
"quel suo colore") 사용하였다(ⓐⓓ). 하지만 판본 2를 살펴보면, 작가는 물의 부동성
묘사에 있어서 중첩된 동일한 개념을 단 한번 사용 (L'acqua era perfettamente

---

12) *Ivi,* pp. 489-490.

immobile) 하는 대신에 형용사 "immobile"에 부사 "perfettamente"를 첨가하여 최상급의 의미를 부여하고 있다(ⓙ).

물의 색깔을 묘사하는 경우에 있어서는 "marrone"에 색의 의미가 이미 포함되어 있으므로(tautologia) "colore"를 삭제하고, 그 대신 "variegata"를 첨가하며, 직유의 수사를 통하여('come la pelle di un serpente') 물 색깔의 다양함과 더불어 악의 상징인 뱀과 연결시켜 상징적 의미를 더욱 강조하고 있다(ⓘ). 이러한 비유는 문장을 장문화 시키는 경향이 있지만, 구체적으로 생생하게 전달하는 효과를 가져옴으로써 비유되는 대상보다 비유하는 대상을 더욱 부각시킨다. 이와 더불어 물 속에 잠겨있는 나무 뿌리와 가지의 흔들리는 모습 또한 마찬가지로 'come'를 첨가하여 (come anime nel purgatorio) 비유함으로써 물의 표면적 부동성과 내면적인 유동성을 강하게 대조시키고 있다(ⓙ).

작가는 판본 1의 "come rappresa(ⓐ)"를 판본 2에서 "come raggelata(ⓙ)"로 대치시킴으로써 부동성의 부분적인 면을 전체적으로 확대함과 동시에 강조하고, '차갑다'는 촉감을 부여한다. 수사학적 장치의 관점에서 볼 때, 판본 1의 ⓓ (Di quell'acqua non mi fidavo, non mi andava la sua immobilità, quel suo colore, le vibrazioni delle radici sommerse) 에서는 문장의 간소화를 이루는 접속사 생략(l'asindeto)이 나타나고 있다. 이러한 쉼표의 빈번한 사용은 호흡의 단절을 초래하며 긴장감을 부가하는 효과를 가져온다. 이와 더불어 작가는 지문의 맨 마지막 문장에서 주어 "Io(ⓖ)"를 특정화 보어인 "Dell'acqua(ⓜ)"로 대체시킴으로써, 독자들의 시선을 물에 집중하도록 돌려놓고 있으며, 인물을 피동화하는 효과를 가져온다.

판본 2에서 판본 3으로의 수정 방향 또한 "con l'acqua che a un momento era del marrone unito dei decotti e l'altro si faceva variegata come la pelle di un serpente.(ⓘ)"에서 단일한 색깔을 나타내는 "marrone unito dei decotti"를 생략하고, "variegata come le pelle dei serpenti."로 대체하여 색깔에 관련된 중복적인 요소를 생략한다(◎). 보어 "come la pelle di un serpente(ⓘ)"는 "come la pelle dei serpenti(◎)"로 대체하여 '뱀'을 복수화 함으로써 수(數)적인 범위를 더욱 확장시키고 있다. 이와 더불어 물을 수식하는데 있어서 단일 형용사"profonda(ⓘ)"를 접속사를 생략(l'asindeto)한 이중 형용사 "profonda, variegata(◎)"로 대체 사용함으로써 그 의미를 부가하고 있

다.

판본 전체에서는 공통적으로 자주 사용되고 있는 지시 형용사 또는 지시 대명사 "quel punto(ⓐ)", "questo è(ⓑ, ⓗ, ⓝ)", "quell'acqua(ⓓ)", "quel suo colore(ⓓ)", "questo gorgo(ⓚ, ⓟ)", "questo stesso gorgo(ⓚ, ⓟ)"는 물에 관련된 요소를 더욱 강조하는 역할을 담당하고 있다.

4) 결 론

페놀리오의 작품에서 다양한 자연적 요소들은 각각의 언어로서 나타나지만 작품 속에서 독립적으로 또는 상호 연관되어 반복적으로 끊임없이 나타남으로써 상호간에 같은 가치를 지닌 하나의 동일한 의미를 나타내는 일종의 상징체계를 이루고 있다고 볼 수 있다. 이와 마찬가지로 『수페리노』에서도 물의 요소 중 하나인 '소용돌이'는 죽음을 의미하는 중요한 상징적 의미를 지닌다. 그 중요성만큼 작가는 더 나은 글쓰기를 추구하는 작업을 진행함에 있어서 죽음, 특히 자살을 상징하는 '소용돌이'에 관련된 지문을 수정하였음을 세 판본에서 엿볼 수 있다.

작품의 전체적인 내용적 측면에서 살펴볼 때, 이 작품에서 가장 우세한 수정방향은 이 전에 작업했던 작품에 사건 및 에피소드의 첨가를 통한 '확대화(amplificazione)'라고 볼 수 있다. 하지만 언어적인 측면에서 '소용돌이'에 관계된 지문의 수정방향은 '소용돌이' 또는 그 '물'을 묘사함에 있어 유사한 의미를 지닌 반복요소의 삭제를 통한 '단순화(semplificazione)'를 꾀함으로써 내용적 측면에서의 그것과 수정방향과 대조를 이루고 있다. 또한 판본 전반에 걸쳐 지시 형용사가 빈번히 사용되고 있으며, 수사학적 장치로서 판본 2와 3에서는 직유 'come'를 사용하여 특히 이미지의 형상화를 추구하고 있음을 발견할 수 있다. 따라서 내용적 측면에서의 확대화와 언어적인 측면에서의 단순화는 작품의 전반적인 초점화(focalizzazione)를 가져오고 있다.

페놀리오는 개작을 진행해 나가는데 있어서 추가, 삭제, 대체, 이동 등의 방법을 통하여 끊임없이 글쓰기의 완벽함을 추구한다. 상기한 페놀리오의 개정작업은 결과적으로 작가가 나타내고자 하는 바를 더욱 명확히 잘 표현하고 전달하는 방향으로 추진됨으로써 그 효과를 가져왔다고 볼 수 있다. 페놀리오의 문학세계는 직접 경험의 바탕 위에 예술적 창조성을 부여함으로써 이루어진 것으로, 그의 글쓰기는 문학에 대한 끝없는 사랑과 이를 표현하기 위한 피나는 노력을 보여주고 있다.

참고문헌

B. Fenoglio, *Superino*, in *Opere*, edizione critica diretta da Maria Corti, vol. II, tomo 4, Torino, Einaudi, 1978.

__________, *La malora*, vol. II, tomo 4, cit.

__________, *Il gorgo*, vol. III, tomo 5, cit.

Ritratti su misura di scrittori italiani, a cura di E. F. Accrocca, Venezia, Sodalizio del libro, 1960.

J.R. Hayes & L.S. Flower, *Identifying the Organizationof Writing Process*, (1980), in Di Corno, *La scrittura. Scrivere, riscrivere, sapere di sapere*, Catanzaro, Rubettino, 1999.

이기철, 「페놀리오의 작품에 나타난 물의 이미지」, 이어이문학 제 6집 1권, 한국이어이문학회, 서울, 2000.

2. 벱페 페놀리오의 『사적인 문제』개작본 비교 연구
- 동사의 상적 특성을 중심으로 -

(1) 서 론

이탈리아 작가 벱페 페놀리오(Beppe Fenoglio: 1922-1963)는 짧은 생애 동안 자신의 농촌 생활과 2차 세계대전 당시 군에 근무한 경험 그리고 레지스탕스 운동에 직접 참여한 경험을 작품 속에 투영한 작가이다. 이러한 이유로 인해 그의 작품 세계는 농촌을 테마로 한 작품과 레지스탕스 운동을 테마로 한 작품으로 구분할 수 있다.

페놀리오의 때이른 사망으로 인해 그의 작품들 대부분은 유작으로 출판되었으며, 미완성 작품들이 존재함에 따라 작품의 연대기를 정확히 파악할 수 없는 어려움이 놓여 있다.

하지만 다행스럽게도 이탈리아 문학 연구의 대가인 마리아 코르티(M. Corti) 교수를 중심으로 연구자들의 장기간에 걸친 수고로 인해 페놀리오가 남긴 모든 원고가 집대성되어 비평본(Edizione critica)으로 발행되었다. 이 비평본에는 최종적으로 출판된 개작본뿐만 아니라 초안이 모두 수록되어 페놀리오 연구자들에게 작품의 수정과 개작의 양태를 살펴볼 수 있는 귀중한 자료와 기회를 제공하고 있다.[1]

특히 한 작품에 여러 개작이 존재하는 측면과 작가 자신의 고백을 고려할 때 작가가 더 나은 작품을 쓰기 위해 피나는 노력을 하였음을 우리는 알 수 있다.[2]

---

1) 사적인 문제』외에 여러 개작본이 존재하는 작품은 『빨치산 조니*Il partigiano Johnny*』와 『아름다운 봄 *Primavera di bellezza*』으로 각각 두 개의 개작본이 남아 있다. 그 이외의 작품들의 경우도 상당히 많은 수정의 흔적이 원고에 남아 있음은 물론이다. 이와 같은 자료는 현재 페놀리오 비평본에 모두 기록되어 있다. 논자는 이 비평본에서 참고가 될 수 있는 모든 자료를 발췌하여 이 연구의 비교 자료로 사용하였다.

2) 작가의 수정 작업에 대한 노력은 다음과 같은 글에서 발견할 수 있다. "나는 글을 쓰는데 피나는 노력을 한다. 내가 쓴 페이지 중에 가장 쉬운 한 페이지도 십여 번의 뼈를 깎는 재작업으로 부터 자연스럽게 나오는 것이다."- *Ritratti su misura di scrittori italiani,* a cura di E. F. Accrocca, Venezia, Sodalizio del libro, 1960, p. 181; "빼곡히 쓰고 고친 그 종이들(quei suoi fogli fittissimamente scritti e corretti)" - M. Fenoglio, *Casa Fenoglio*, Palermo, Sellerio, 1998, p. 119.

이 연구의 대상으로 선택한 작품 『사적인 문제*Una questione privata*』3)는 작가의 미완성 유작으로 세 개의 개작본이 존재한다.4) 이 세 개작본을 비교해 보면 작품의 내용적 측면에서 뿐만 아니라 언어적 측면에서도 상당한 차이점을 발견 할 수 있다.5) 이와 같은 사실은 작가가 수정 작업을 진행하며 작품의 내용 외에 이를 표현하는 언어에도 많은 관심을 쏟았다는 것을 의미한다. 언어적 측면에 나타난 작가의 수정 작업을 검토해 보면 작가는 단어 혹은 문장의 삽입, 축약, 대체, 삭제 등 여러 방식을 사용하고 있다.

　『사적인 문제』는 각 장의 처음과 끝이 주인공의 도착과 출발이라는 구조와 더불어 레

---

3) 20세기 최고의 명성을 지녔던 이탈리아 작가 칼비노(I. Calvino)는 『사적인 문제』에 대해 다음과 같이 평하고 있다. "어느 누구도 더 이상 그것을 기대하지 않았을 때, 모든 사람이 꿈꾸었던 소설을 쓰는데 성공한 사람은 그 누구보다도 가장 고독한 사람이었다. [...] 소설 『사적인 문제』는 (현재 페놀리오의 유작 『불의 날』에 포함되어 있음) 『성난 오를란도*Orlando Furioso*』처럼, 사랑의 광기와 기사도적인 추적에 관한 소설의 기하학적 긴장감으로 구성되어 있고, 동시에 내부와 외부의 레지스탕스 운동을 그대로 담고 있으며, 한 번도 발표되지 않았던 진정한 레지스탕스 운동으로서, 충실한 기억에 의해 오랫동안 투명하게 보존되었고, 겉에 표출되지 않을 만큼 강한 많은 도덕적 가치와 더불어 감동과 분노를 안고 있다. 그리고 이 책은 풍경을 그린 책이며 또한 신속하고 아주 생생한 인물로 찬 책이며, 정확하고 참된 언어로 쓰인 책이다. [...] 내가 서문을 쓰고 싶은 책은 내 책이 아니라 페놀리오의 책이다." -I. Calvino, Il sentiero dei nidi di ragno, "Prefazione 1964", in Romanzi e racconti, a cura di M. Barenghi e B. Falcetto, Milano, Mondadori, 1993, Vol. I, pp. 1201-1202.

4) 일반적으로 '개작본'의 개념은 출판된 인쇄물을 의미한다. 그러나 비평본에서는 사후에 최종적으로 출판된 경우뿐만 아니라 초안이라고 할 수 있는 최종 원고 이전의 두 원고에 대해서도 'versione'라는 용어를 사용하고 있다. 이 글에서도 'versione'를 '개작본'이라는 용어로 사용하였다.

5) 내용적 측면의 변화를 간단히 살펴보면 다음과 같다. 개작본 1은 1에서 6장까지 존재하며 주인공 밀톤 Milton의 친구인 죠르지오Giorgio가 파시스트들에게 생포되자, 죠르지오를 구하려는 부모의 노력이 주로 묘사되어 있다. 여주인공 플비아Fulvia는 죠르지오의 약혼녀로서 실제로 등장하는 인물로 나타나 있으며, 개작본 2와 3의 내용과 달리 죠르지오의 친구인 밀톤과는 애정관계가 전혀 없는 것으로 묘사되고 있다. 『사적인 문제』개작본 2의 경우는 1장에서 11장까지 남아 있다. 이곳에서도 아들 죠르지오를 구하려는 부모의 노력이 여전히 묘사되고 있다. 그러나 개작본 1과는 달리 죠르지오의 약혼자로서 실제 등장인물이었던 플비아가 밀톤과 죠르지오의 애인으로 묘사되어 삼각관계를 형성하는 역할을 한다. 여주인공 Fulvia는 실제로 등장하지 않고, 밀톤의 기억 속에만 존재하는 인물로 *flash back*을 통해 묘사되고 있다. 마지막 개작본이며, 미완성 작품임에도 불구하고 완성된 작품 형태를 갖추고 있는 개작본 3은 총 13장으로 구성되어 있다. 이전 두 개작본과의 가장 큰 차이점은 아들 Giorgio를 구하려는 부모의 노력을 묘사한 부분이 완전히 삭제되었으며, 플비아, 밀톤, 죠르지오의 삼각관계가 유지되며 작품 내용 전체가 작품의 제목처럼 주인공 밀톤의 개인적인 문제로만 집중되어 있다. 이에 관해서는 이기철, 벱페 페놀리오의 『사적인 문제』에 나타난 자연의 이미지와 개정작업」, 이탈이아어문학 5집, 한국탈리아어문학회, 서울, 1999를 참고하시오.

지스탕스 대원인 주인공과 적들 사이에 쫓고 쫓기는 긴장감이 감도는 작품이다. 이러한 점에 착안해 이 연구에서는 문장에서 주어의 행동 혹은 상태를 나타내며 가장 중요한 역할을 담당하는 동사 부분에 한정해 세 개의 개작본을 비교 분석함으로써 개작의 진행에 따른 동사의 대체를 통해 추구하고자 하는 작가의 의도와 그 결과를 분석하는 것이 목적이다.

이 연구를 효과적으로 진행하기 위해 선택한 이론은 벤들러(Z. Vendler)의 동사에 관한 상적 특성이론과 이 이론을 이탈리아어에 접목시켜 영역을 확장한 이탈리아 학자 제젝(E. Jezek)의 이론이다. 논자는 이 이론을 통해 작가가 동사 부분에 대해 실시한 수정 작업을 비교·검토함으로써 개작본간의 차이가 지닌 수정의 양태와 의미를 분석하고, 이를 바탕으로 개작과 관련된 다른 작품들 그리고 여러 작품과의 관련성 연구를 위한 초석을 마련하고자 한다.

궁극적으로 페놀리오의 글쓰기를 이해하기 위한 필수적인 작업인 이 연구는 언어학 이론을 문학작품의 분석에 응용함으로써 문학과 언어학의 접목을 시도하고자 하는데 그 목적이 있다.

(2) 상적 특성 이론

벤들러는 동사의 상적 특성에 따라 상태(states) 동사, 행위(activity) 동사, 완성(accomplished) 동사, 달성(achievement) 동사 등 4가지로 구분하였으며, 그 자질로 역동성(dinamismo), 지속성(durata), 종결성(telicità)을 제시하였다.

이탈리아 언어학자 제젝(E. Jezek)은 이와 같은 벤들러의 이론을 다음과 같이 이탈리아어에 적용하고 있다.[6]

---

6) E. Jezek, *Lessico. Classi di parole, strutture, combinazioni*, Bologna, Il Mulino, 2005, pp. 107-119 참고.

1) 상태 동사(Verbi di stato)

예) Pietro <u>possiede</u> due case. 피에트로는 집 두 채를 <u>소유하고 있다</u>.

상태 동사는 지속성은 있으나 시간에 따른 변화는 없는 동사로 역동성과 종결성은 없는 동사를 의미하며, possedere(소유하다), credere(믿다), rimanere(머무르다) 등과 같은 동사이다.

2) 행위 동사(Verbi di processo indefinito)

예) Pietro <u>cammina</u> sul marciapiede. 피에트로는 보도 위를 <u>걷는다</u>.

행위 동사는 정신적 물리적 행위와 관련이 있으며, 역동성과 지속성은 있으나, 목표점 또는 자연적인 종결점이 없다. 그러므로 종결성이 없는 동사로 행위가 정지될 때서야 종결점을 지닌다. 이러한 동사의 예로는 camminare(걷다), passeggiare(산책하다), nuotare(수영하다) 등이 있다.

3) 완성 동사(Verbi di processo definito)

예) Pietro <u>ha svuotato</u> la vasca. 피에트로는 대야를 <u>비웠다</u>.

완성 동사는 역동성, 지속성 그리고 종결성을 지닌 동사로서 상태의 변화 혹은 결과를 나타내는 동사이다. 특히 완성 동사는 종결점을 향해 점진적으로 진행하는 단계를 지닌다. 즉, 매 단계마다 변화를 지님으로 종결점은 그 이전의 단계와 다르다. 그러므로 사건 혹은 행위가 중단되면 그 사건 혹은 행위가 발생했다고 말할 수 없다. 이러한 동사의 예로는 svuotare(비우다), costruire(건설하다), arrossire(붉어지다) 등이 있다.

4) 달성 동사(Verbi istantanei o momentanei o puntuali)

예) Pietro <u>ha trovato</u> le chiavi. 피에트로는 열쇠를 <u>찾았다</u>.

달성 동사는 상태의 즉각적 변화로 인해 순간적으로 생긴 사건 유형으로, 시작과 동시에 종결되는 시간내적 구성을 지니고 있다. 즉, 사건의 시작점(punto iniziale)과 종결점

(punto finale)이 일치한다. 그러므로 역동성과 종결성은 있으나 지속성은 존재하지 않는다. 이와 같은 동사로는 trovare(발견하다), arrivare(도착하다), scoppiare(발생하다) 등이 있는데, 상태의 변화를 지시하는 동사(예: rompersi 부서지다)와 상태의 변화를 지시하지 않는 동사(예: suonare 울리다)로 구분한다.

상기한 이론을 정리하면 다음과 같다.

동사 부류	역동성 Dinamismo	지속성 Durata	종결성 Telicità	동사의 예
상태(states) = verbi di stato	-	+	-	possedere rimanere
행위(activity) = verbi di processo indefinito	+	+	-	camminare nuotare
완성(accomplish) = verbi di processo definito	+	+	+	svuotare arrossire
달성(achievement) = verbi istantanei	+	-	+	trovare scoppiare

상기한 벤들러의 이론에 제젝은 반복성(l'iteratività), 초기성(l'ingressività), 후기성(l'egressività), 증대성(l'incrementalità) 등의 특징에 따라 동사를 다양하게 분류하고 있다.[7]

---

7) 제젝은 다음과 같은 예를 제시하고 있다. l'iteratività(반복성): 예) saltellare... /l'ingressività(초기성): 예) incamminarsi..., /l'egressività(후기성): trovare... /l'incrementalità(증대성): crescere... Ivi, 118-119 참고. 동사는 동사 자체가 지닌 기본적 층위와 문장 내에서 시간 부사, 보어 등에 따라 동사 유형이 변하는 변이된 층위로 구분할 수 있다. 이 연구에서는 기본적 층위를 중심으로 동사를 분류하였다.

(3) 『사적인 문제』의 개작본에 따른 동사의 상적 의미 변화

본 연구자는 이 장의 전개를 위해 개작본 1, 2, 3을 모두 비교·검토하였다. 각주에서 밝혔듯이 내용의 수정에 따라 모든 개작본에서 공통적으로 중복되는 부분은 한정되어 있다. 이 글에서는 각 개작본의 효과적인 비교연구를 위해 우선 개작본 1과 2의 중복 부분, 개작본 2와 3의 중복 부분 그리고 개작본 1, 2, 3에 공통적으로 중복된 부분을 선택하였다.

작가는 동사 부분의 수정에 있어서 대체, 첨부, 삭제 등의 다양한 방식을 사용하고 있다. 이 글에서는 본 논문의 목적에 맞도록 동사의 대체 부분에 한정하였다.

1). 다음 문장은 Fulvia를 찾아가고자 하는 주인공 Milton의 생각을 나타낸 부분이다. 작가는 개작본 2에서 사용했던 동사 andare(가다)를 개작본 3에서 동사 correre(달리다)로 대체하였다.

사용된 두 동사 모두 동작의 의미를 나타낸다는 점에서는 동일하다. 동사 자체만을 살펴보면 동사 andare는 역동성, 지속성, 종결성을 지니고 있는 완성 동사이며, 동사 correre는 역동성, 지속성은 있으나, 정해진 방향 혹은 종결점이 없는 종결성이 없는 행위 동사이다.

Ma il giorno stesso che la guerra finisce andrò a Torino a cercarla.[8]
하지만 나는 전쟁이 끝나는 바로 그 날, 그녀를 찾으러 또리노로 갈 것이다.

Ma il giorno stesso che la guerra finisce correrò a Torino a cercarla.[9]
하지만 나는 전쟁이 끝나는 바로 그 날, 그녀를 찾으러 또리노로 달려갈 것이다.

---

8) Opere, edizione critica diretta da M. Corti, 3 volumi, 5 tomi, Torino, Einaudi, 1978. I. 3. *Primavera di bellezza, Frammenti di romanzo, Una questione privata,* a cura di M. A. Grignani, p. 1825(개작본 2). 이 글에서 인용한 문장에 사용된 밑줄은 논자의 것임.

9) Ivi. p. 1937(개작본 3).

Andare(가다) -〉 Correre(달리다)

동사	동사 부류	역동성 Dinamismo	지속성 Durata	종결성 Telicità
andare (=to go)	완성 동사 processo definito	+	+	+
correre (=to run)	행위 동사 processo indefinito	+	+	-

　이 경우 동사 correre는 원래 자연적인 종결성이 없는 행위 동사이나 바로 뒤에 위치한 장소 보어인 a Torino로 인해 종결성의 특성을 지니게 되어 개작본 2에서 사용되었던 동사 andare와 동일한 완성 동사의 상적 특성을 갖게 된다.

　동사 andare에서 동사 correre로의 변화는 의미적으로 속도감을 부여하는 중요한 역할을 담당한다. 즉, 작가는 동사의 대체를 통해 주인공이 Fulvia에게로 달려가고자 하는 심적 상태를 더욱 강조하고 있다.

　2). 다음 문장은 적들의 움직임에 대한 밀톤의 생각을 묘사한 부분으로, 이곳에 사용된 동사 arrivare(도착하다)는 동작의 의미를 지닌 동사로 달성 동사의 특성을 지닌다. 즉, 상태의 변화로 인해 순간적으로 발생하는 사건 유형이므로 역동성과 종결성은 존재하나 지속성은 존재하지 않는다. 동사 arrivare를 대체한 동사 azzardarsi(위험을 감수하다)는 인지의 의미를 지닌 동사로 지속성은 있으나 역동성과 종결성이 없는 상태 동사에 속한다.

　Non arrivano fin quassú.[10]
　그들은 이곳까지 도달하지 않을 것이다.

---

10) Ivi. p. 1825(개작본 2).

Non <u>si azzardano</u> fin quassú.[11]

그들은 이곳에서까지 위험을 감수하지는 않을 것이다.

Arrivare(도착하다) -〉 Azzardarsi(위험을 감수하다)

동사	동사 부류	역동성 Dinamismo	지속성 Durata	종결성 Telicità
arrivare (= to arrive)	달성 동사 istantaneo	+	-	+
azzardarsi (= to risk)	상태 동사 stato	-	+	-

하지만 동사 azzardarsi(위험을 감수하다)는 '전치사 a+동사원형' 형태로 사용되므로 실제로 이 문장은 si azzardano a arrivare fin quassú(그들은 이곳까지 도달하는 위험을 감수하지 않을 것이다)에서 a arrivare가 생략된 형태이다.

그러므로 이 경우는 달성 동사에서 상태 동사로 대체됨으로써 피상적으로 행위의 역동성과 종결성을 강조하기 보다는 상태의 지속성을 강조하는 듯하나, 실제로는 생략된 전치사구를 통해 동사 arrivare의 의미를 여전히 유지하고 있다. 그 결과, azzardarsi 동사로의 대체는 달성 동사의 특성을 그대로 유지하며 동사의 외연적인 의미(significato denotativo) 차이를 나타내는 효과를 가져 오고 있다.

3). 다음 예문은 전쟁을 피하기 위해 플비아가 토리노라는 대도시로부터 주인공 밀톤이 살고 있는 시골 마을로 오게 되었고, 죠르지오와 연인 관계가 되었다는 것을 설명하는 부분이다.

---

11) Ivi. p. 1937(개작본 3).

Sfollò da Torino Fulvia e la coppia perfetta _fu fatta_.[12]

플비아는 토리노로부터 탈출했고, 완벽한 한 쌍이 되었다.

Arrivò da Torino Fulvia e la coppia perfetta _fu formata_.[13]

플비아는 토리노로부터 도착했고, 완벽한 한 쌍이 형성되었다.

앞 절에 사용된 동사 sfollare(탈출하다)와 arrivare(도착하다)는 모두 장소로부터의 이동을 나타내는 동작 동사로, 전자는 종결성의 자질이 결여된 행위 동사의 특징을, 후자는 지속성이 결여된 달성 동사의 특징을 지닌다.

Sfollare(탈출하다) ─〉 Arrivare(도착하다)

동사	동사 부류	역동성 Dinamismo	지속성 Durata	종결성 Telicità
sfollare (= to evacuate)	행위 동사 processo indefinito	+	+	-
arrivare (= to arrive)	달성 동사 istantaneo	+	-	+

상적 특성에 있어서 동사 arrivare는 동사 sfollare에 비해 순간성을 더욱 강조한다.

이 경우는 동사 sfollare는 어떤 재난으로부터 빠져나오거나 어느 장소로부터 멀어진다는 의미를 지니고 있으나, 동사 arrivare는 어느 새로운 장소에 가까워지고 도착한다는 의미를 지니고 있다는 점에서 의미상의 차이가 두드러지게 나타남을 알 수 있다.

두 번째 절의 동사 fare와 formare는 동작을 지시하는 관점 그리고 완성 동사라는 상적 특성이 모두 동일한 동사이다.

---

12) Ivi. p. 1830(개작본 2).

13) Ivi. p. 1947(개작본 3).

Fare(~하다) -〉 Formare(~형성하다)

동사	동사 부류	역동성 Dinamismo	지속성 Durata	종결성 Telicità
fare (= to do)	완성 동사 processo definito	+	+	+
formare (= to form)	완성 동사 processo definito	+	+	+

하지만 동사 fare의 경우는 그 의미가 매우 다양하고 포괄적이다. 반면에 동사 formare는 fare보다 축소적인 의미를 지니고 있으며 주어의 행동에 모양과 형태를 부여하는 효과를 가져 옴으로써 동일한 완성 동사로 대체되었지만 의미적인 측면의 변화를 추구했다고 할 수 있다.

4). 다음 문장에서는 동사 부분뿐만 아니라 구문상에도 변화가 있음을, 즉, 개작본 2의 문장에서는 주어가 밀톤이지만 개작본 3에서는 주어가 그의 동료로 바뀐 것을 발견할 수 있다. 또한 개작본 2에서는 주어 역할을 하는 관계대명사 che가 생략되었으며, 개작본 3에서는 개작본 2에서 사용되었던 동사 scalpicciava를 pattinare 동사의 제룬디오 형태를 사용해 암시적 형태로 사용하고 있다.

Sentì avvicinarsi il suo compagno, <u>scalpicciava</u> nel fango fresco:[14]
그는 그의 동료가 신선한 진흙 속에서 질질 끌며 다가오는 것을 들었다.

Il suo compagno si avvicinava, <u>pattinando</u> sul fango fresco.[15]
그의 동료는 신선한 진흙 위로 미끄러지듯이 다가오고 있었다.

---

14) Ivi. p. 1825(개작본 2).
15) Ivi. p. 1937(개작본 3).

Scalpicciare(질질 끌다) -〉 Pattinare(스케이트를 타다)

동사	동사 부류	역동성 Dinamismo	지속성 Durata	종결성 Telicità
scalpicciare (= to shuffle)	행위 동사 processo indefinito	+	+	-
pattinare (= to skate)	행위 동사 processo indefinito	+	+	-

동사 scalpicciare는 일반적으로 '바닥에 발을 끌며 빠르고 가벼운 발걸음으로 나아가다'는 의미를 지니는데 비해 동사 pattinare는 '스케이트를 타고 미끄러지며 달리다'라는 의미이다. 즉, 이 경우에 작가는 동사의 대체를 통해 주어의 동작에 속도감과 직유적인 측면을 나타내고 있다. 또한 제룬디오 형태를 사용해 '방식'의 의미를 추가하고 있다.

5). 다음은 밀톤이 죠르지오의 부대를 찾아 갔다가 아직 죠르지오가 돌아오지 않았다는 이야기를 듣고 밖에서 기다릴 때 안개의 움직임을 묘사한 장면이다. 안개는 페놀리오의 작품에서 비(雨)와 더불어 매우 중요한 역할을 담당하고 있는 기후적 요소 중의 하나이다.16)

La nebbia <u>aveva</u> anche <u>rimontato</u> i pendii [...]17) [개작본 2]
안개는 경사면을 다시 올라왔다.

La nebbia <u>aveva</u> anche <u>risalito</u> i versanti [...]18) [개작본 3]

---

16) 페놀리오의 다른 작품에서와 마찬가지로 『사적인 문제』에서는 안개, 비와 같은 기후 요소가 작품 전개에 매우 중요한 역할을 한다. 페놀리오의 작품에 나타난 안개의 이미지 관해서는 이기철,「뻬뻬 페놀리오의 작품에 나타난 안개의 이미지」, 이탈리아어문학 6집 2권, 한국이탈리아어문학회. 서울, 2000을 참고하시오.

17) Ivi. p. 1844(개작본 2).

안개는 산허리를 다시 올라왔다.

Rimontare(다시 오르다) -〉 Risalire(다시 오르다)

동사	동사 부류	역동성 Dinamismo	지속성 Durata	종결성 Telicità
rimontare (= to remount)	행위 동사 processo indefinito	+	+	-
risalire (= to climb up again)	행위 동사 processo indefinito	+	+	-

페놀리오의 작품에 나타난 안개는 매우 유동적인 모습을 나타내는데, 이곳에 인용된 문장의 경우도 마찬가지이다. 동사 rimontare와 risalire는 행위 동사로서 역동서, 지속성은 있으나 종결성이 없다는 동일한 특징을 지닌다. 그러나 동사 rimontare는 '사물을 위에 다시 얹다'는 의미가 강한 반면에 동사 risalire는 '다시 오르다'는 동작의 의미가 강하다.

6). 이 부분은 죠르지오를 찾아 나선 주인공 밀톤이 죠르지오가 적들에 의해 체포되었다는 소식을 듣고 죠르지오가 근무했던 부대의 대장인 쉐리포Sceriffo를 만나 죠르지오가 체포된 것은 짙은 안개 때문이라는 말을 듣고 나서 다시 길을 나섰을 때 안개를 묘사한 장면이다.

I volumi di nebbia davanti a lui <u>galleggiavano</u> certamente in sospensione sul pianoro sottostante.[19]

그의 앞에 엄청난 볼륨의 안개가 아래에 위치한 평평한 지역에 확실하게 매달려 떠

---

18) Ivi. p. 1964(개작본 3).

19) Ivi. p. 1846(개작본 2).

있었다.

Un immenso e compatto volume di nebbia <u>schiacciava</u> l'altopiano sottostante.[20]

거대하고 단단한 볼륨의 안개가 아래에 위치한 고지대를 짓누르고 있었다.

Galleggiare(뜨다) -〉 Schiacciare(~짓누르다)

동사	동사 부류	역동성 Dinamismo	지속성 Durata	종결성 Telicità
galleggiare (= to float)	상태 동사 stato	-	+	-
schiacciare (= to crush)	완성 동사 processo definito	+	+	+

이 문장은 단지 동사의 대체에만 한정된 것이 아니라 형용사 첨부와 보어 생략이 동시에 이루어진 예이다. 저자는 수정 작업을 실행함에 있어 개작본 3에서 명사 volume의 형태를 강조하기 위해 이중 형용사(immenso e compatto)를 사용하였으며 부사와 보어 등을 생략하여 문장을 단순화 하고 있다.

동사 부분을 살펴보면 개작본 2에서 사용된 자동사 galleggiare(뜨다)는 지속성은 있으나 역동성과 종결성이 결여된 상태 동사로 주어의 상태만을 묘사하고 있다. 반면에 개작본 3에 이르러 이를 대체한 동사 schiacciare(~짓누르다)는 역동성, 지속성, 종결성을 모두 갖춘 완성 동사에 속한다.

이와 같은 동사의 대체는 주어인 안개의 볼륨에 동작을 부여함으로써 역동성과 더불어 강도와 무게감을 부여하고, 대상에 형태 변화를 가져오는 효과를 가져 온다. 특히 의미적으로 전혀 다른 뜻을 지님으로써 이중 형용사의 수식에 의해 변화된 형태와 더불어

---

20) Ivi. p. 1967(개작본 3).

주어인 안개의 속성과 동작의 의미를 완전히 변화시켜 놓는 역할을 담당한다. 또한 /s/, /chi/, /ci/ 등의 발음을 통해 동사의 의미를 강조하는 음성 상징적 효과를 나타내고 있다.

7). 죠르지오와 교환할 파시스트 포로가 있는지 알아보기 위해 빨치산 대장인 옴브레 Hombre를 찾아가던 밀톤은 옴브레 부대의 보초를 서고 있는 어린 나이의 보초를 만난다. 밀톤은 그에게 옴브레를 만날 수 있도록 부대까지 자신을 안내해 달라고 부탁한다. 다음은이 부탁을 받고 밀톤을 안내하는 보초의 행동을 묘사한 장면이다.

> ... la guardia <u>attraversò</u> la strada in direzione di quella.[21]
> ... 보초는 저쪽 방향으로 길을 가로질렀다.

> La sentinella <u>attraversò</u> la strada in quella direzione.[22]
> 보초는 저쪽 방향으로 길을 가로질렀다.

> La sentinella <u>tagliò</u> in quella direzione.[23]
> 보초는 저 방향으로 가로질렀다.

Attraversare(〜통과하다) −〉 Tagliare(〜자르다)

동사 Verbi	동사 부류 Classi	역동성 Dinamismo	지속성 Durata	종결성 Telicità
attraversare (= to cross)	완성 동사 processo definito	+	+	+
tagliare (= to cut)	달성 동사 istantaneo	+	-	+

---

21) Ivi, p. 1774(개작본 1).

22) Ivi, p. 1891(개작본 2).

23) Ivi, p. 1989(개작본 3).

저자는 이 부분에 대한 수정 작업을 실행함에 있어 명사 la guradia(개작본 1)를 la sentinella(개작본 2, 3)로, 동사 attraversò(개작본 1, 2)를 tagliò(개작본 3)로 대체하였으며, 개작본 3에서는 목적어에 해당하는 la strada를 삭제하였다.

동사 attraversò에서 tagliò로의 대체는 우선 동사 유형의 변화를 초래하고 있다. 동사 attraversare는 시간적으로 연속적인 국면을 포함하며 자연적인 종결점을 지니므로 역동성과 지속성 그리고 종결성의 자질을 갖추고 있다. 반면에 동사 tagliare는 역동성과 종결성은 있으나 시작과 동시에 종결되는 지속성의 자질이 없는 달성 동사이다.

이와 같은 변화는 주어의 움직임에 순간성을 부여함으로써 재빠른 동작을 강조하는 효과를 부여하며 주어의 행동을 은유적으로 표현하고 있다.

8). 이 인용구는 상기한 7)에 연이어 등장하는 부분으로 보초 역할을 하고 있는 소년의 행동을 묘사한 부분이다.

Il ragazzo già <u>saltava</u> nel sentiero senza rispondere.[24]
소년은 대답 없이 이미 오솔길로 뛰어들었다.

Il ragazzo <u>si calava</u> per il sentiero senza rispondere.[25]
소년은 대답 없이 오솔길로 내려갔다.

Il ragazzo <u>si calava</u> per la ripa senza rispondere.[26]
소년은 대답 없이 경사지로 내려갔다.

---

24) Ivi, p. 1775(개작본 1).
25) Ivi, p. 1891(개작본 2).
26) Ivi, p. 1989(개작본 3).

Saltare(점프하다) -〉 Calarsi(가라앉다)

동사 Verbi	동사 부류 Classi	역동성 Dinamismo	지속성 Durata	종결성 Telicità
saltare (= to jump)	달성 동사 istantaneo	+	-	+
calarsi (= to let oneself down)	완성 동사 processo definito	+	+	+

　　동사 saltare에서 calarsi로의 대체는 의미상의 변화와 더불어 동사 유형의 변화를 동시에 가져오고 있다. 동사 saltare는 뒤에 위치한 장소를 나타내는 전치사(in)와 더불어 어떠한 장소로 '뛰어들다'라는 의미를 나타내는 반면에 재귀동사 calarsi는 '무엇인가를 붙잡고 어떤 장소로 천천히 내려가다'라는 의미이다. 이와 같은 동사의 대체는 개작본 3에 이르러 목적어의 대체(il sentiero -> la ripa)를 가져오는 역할을 한다.

　　이와 같은 동사의 대체는 소년이 경사지를 내려가는 동작이 시간의 국면에 따라서 내려간 정도가 달라지는 지속성을 지닌 완성 동사의 특징을 부여하는 기능을 한다.

　　9). 이 인용구는 비에 젖어 진흙탕으로 변한 마당에 도착했을 때의 장면을 묘사한 부분이다. 페놀리오 작품에서 비(雨)는 물과 관련된 요소로 앞서 언급한 안개와 더불어 작품 전개에 대단히 중요한 역할을 한다.[27]

　　Ma il ragazzo <u>era</u> già <u>sceso</u> nell'aia bulicante di fango.[28]
　　하지만 소년은 진흙으로 가득한 마당으로 이미 내려갔다.

---

27) 이에 관해서는 이기철, 「페놀리오의 작품에 나타난 물의 이미지」, 이탈리아어문학 6집 1권, 한국이탈리아어문학회, 서울, 2000을 참고하시오.

28) Ivi, p. 1775(개작본 1).

Ma il ragazzo _era_ già _sceso_ nell'aia bulicante di fango.[29]
하지만 소년은 진흙으로 가득한 마당으로 이미 내려갔다.

Ma il ragazzo _era_ già _saltato_ in un aia bulicante di fango.[30]
하지만 소년은 진흙으로 가득한 마당으로 이미 뛰어들었다.

Scendere(내려가다) -〉 Saltare(점프하다)

동사 Verbi	동사 부류 Classi	역동성 Dinamismo	지속성 Durata	종결성 Telicità
scendere (= to go down)	행위 동사 processo indefinito	+	+	-
saltare (= to jump)	달성 동사 istantaneo	+	-	+

이 경우 역시 6)~8)의 경우와 마찬가지로 의미 변화와 더불어 동사 유형의 변화를 가져오고 있음을 발견할 수 있다.

개작본 2에서 사용된 동사 scendere는 '높은 곳에서 낮은 곳으로의 방향 전환'을 나타내는데 비하여 개작본 3에서 사용된 동사 saltare는 '몸을 던지다'는 의미가 포함되어 있다.

동사 scendere는 원래 자의적인 종결점이 있을 뿐 자연적인 종결점이 없는 행위 동사이나 뒤에 위치한 장소 보어에 의해 종결성을 지니게 되어 이곳에서는 완성 동사의 유형을 취하고 있다. 이에 비해 동사 saltare는 역동성과 종결성의 자질은 소유하고 있으나 시작점과 종결점이 일치하는 순간성을 지님으로 지속성의 자질이 존재하지 않는다.

이와 같은 동사의 대체는 주어인 소년의 행동에서 지속성 대신에 순간성을 부여함으

---

29) Ivi, p. 1891(개작본 2).
30) Ivi, p. 1989(개작본 3).

로 주어 동작의 민첩성을 강조하는 효과가 있다.

10). 옴브레 부대에 도착한 밀톤은 옴브레가 연료를 가지러 강 건너편에 가서 돌아오지 않았기 때문에 그를 만나지 못한다. 밀톤은 그의 부하로부터 죠르지오와 교환할 파시스트 포로가 없다는 절망적인 소식을 듣는다. 다시 길을 나선 밀톤의 눈에 비친 자연은 매우 거친 모습을 드러낸다.

> Era cessato di piovere, ma stillava dai rami scossi dal vento che rinforzava.[31)]
> 비는 그쳤지만, 거세지는 바람에 흔들리는 가지에서 물방울이 떨어지고 있었다.

> Era spiovuto, ma stillava maledettamente dai rami scossi dal vento che rinforzava.[32)]
> 비는 그쳤지만, 거세지는 바람에 흔들리는 가지에서 물방울이 매섭게 떨어지고 있었다.

> Non pioveva, ma sotto il vento obliquo le acacie sgrondavano di traverso, quasi con malizia, con acredine.[33)]
> 비는 오지 않았다. 하지만 거센 바람 아래서 아카시아 나무는 거의 원한을 가진 듯이 가혹하게 사선으로 물방울을 떨어뜨렸다.

---

31) Ivi, p. 1780(개작본 1].
32) Ivi, p. 1896(개작본 2].
33) Ivi, p. 1994(개작본 3].

Cessare di piovere(비가 그치다) -〉 Spiovere(비가 그치다) -〉 Non piovere(비가 오지 않다)

동사	동사 부류	역동성 Dinamismo	지속성 Durata	종결성 Telicità
Cessare di piovere (= to stop raining)	달성 동사 istantaneo	+	-	+
Spiovere (= to stop raining)	달성 동사 istantaneo	+	-	+
Non piovere (= No raining)	상태 동사 stato	-	+	-

이 예시문의 경우는 동사의 대체가 단순히 의미적인 변화만을 초래한 것이 아니라 문장 전체의 내용적 변화를 가져온 경우이다. 즉, 개작본 1과 2의 경우는 비가 오다가 멈춘 것으로 묘사되었지만, 개작본 3의 경우는 비가 내리고 있지 않다는 상황으로 수정되었다.

저자는 수정 작업을 진행하면서 개작본 1에서 사용된 동사구 Cessare di piovere를 개작본 2에서는 한 개의 동사로 대체하였으며, 부사 maledettamente를 첨가하여 부정적인 측면을 나타내고 있다.

개작본 3은 개작본 2와 비교할 때 비가 오지 않고 있다는 상황으로 수정된 사항 이외에도 속사 역할을 하는 형용사(obliquo)의 첨가를 비롯하여 개작본 2에서 첨가 되었던 부사 maledettamente의 삭제, 보어의 첨가(con malizia, con acredine) 등 구문의 측면에서 전반적인 변화가 있음을 발견 할 수 있다.

동사의 대체에 관해 살펴보면 개작본 1과 2에서는 모두 역동성과 종결성은 있으나 지속성이 존재하지 않는 달성 동사이다. 저자는 개작본 3에서 개작본 2에 사용되었던 spiovere를 non piovere라는 동사로 대체함으로써 역동성과 종결성이 존재하지 않고 동작이 없는 주어의 지속적인 상태만을 나타냄과 동시에 작품의 내용적 변화를 꾀하고 있다.

11). 다음은 『사적인 문제』의 마지막 부분으로 작품의 백미이다. 작가는 적에게 쫓기

는 절박한 상황에 처한 주인공의 행동을 매우 긴박하고 생생하며 긴장감 있게 묘사하고 있다.

　　M. 코르티에 의한 비평본 부록에는 최종 개작본과 비교해 볼 수 있는 귀중한 자료가 [c1]과 [c2]로 표시되어 실려 있다. 이 부분에서 가장 중심적인 역할을 하는 동사는 동작을 의미하는 correre(달리다)로 역동성, 지속성을 지니고 있으며, 종결성은 나타나지 않는 행위 동사이다. 특히 correre의 지속적인 사용은 /r/ 발음을 통해 계속 굴러가는 느낌과 긴박감을 부여하는 음성 상징적 효과를 나타내고 있다.[34]

> Milton correva, più forte, sempre più forte, col cuore che gli <u>martellava</u>, ma non da dentro verso fuori, ma bensí da fuori verso dentro, come se <u>volesse</u> aprirgli una breccia nel petto per <u>riconquistare</u> la sua sede.[35]
> 밀톤은 마치 가슴 속에 자신의 자리를 다시 정복하기 위해 구멍을 열어주기를 원하는 것처럼 안에서 밖으로가 아니라 오히려 밖에서 안으로 망치질하는 심장을 가지고 더욱 세게, 계속 더욱 세게 달렸다.

> Correva, sempre più forte, sempre più sciolto, col cuore che gli <u>martellava</u> dall'esterno verso l'interno, come se <u>volesse</u> aprirgli una breccia nel petto per

---

34) 이러한 측면은 다음 예시문에 명확히 나타난다. Correva, correva. Le creste delle colline lontane, annerite dalla pioggia balenavano come acciaio ai suoi occhi appanati, sgranati e quasi ciechi. Ivi, p. 2266[c1]; Correva come non aveva mai corso. Le creste delle colline dirimpetto, annerite dalla pioggia, balenavano come affilato acciaio ai suoi occhi sgranati e quasi ciechi. Ivi, p. 2272[c2]; Correva come non aveva mai corso, come nessuno aveva mai corso e le creste delle colline dirimpetto, annerite e sbavate dal diluvio, balenavano come vivo acciaio ai suoi occhi sgranati e semiciechi. Ivi, p. 2062(개작본 3). 또한 작가는 동사 correre에 대해 [c1]에서 연속적으로 반복된 'Correva, correva'를 수정 작업을 진행함에 있어 [c2]에서 'Correva come non aveva mai corso'로 수정해 의미적인 측면을 더욱 강조하고 있다. 또한 [c1]과 [c2]에서 유지했던 'Correva sempre, o meglio volava'를 최종 개작본에서는 'o meglio volava'를 삭제하고 부사를 대체해 'Correva ancora'로 수정하는데, 이는 뒤에 위치한 제외 보어(ma senza contatto ~) 부분의 의미와 volare의 의미가 중복되기 때문이라고 할 수 있다. 특히 접속사 생략(con la terra, corpo, movimenti, respiro, fatica vanificati)을 통해 문장의 흐름을 매우 빠르게 함으로써 상황의 긴박감을 부여하고 있다.

35) Ivi, p. 2266[c1].

<u>ritornare</u> la sua sede naturale.[36]

밀톤은 자신의 원래 자리로 돌아오기 위해 마치 가슴 속에 구멍을 열어주기를 원하는 것처럼 밖에서 안으로 망치질하는 심장을 가지고 더욱 세게, 계속 더욱 가볍게 달렸다.

Correva, sempre più veloce, più sciolto, col cuore che <u>bussava</u>, ma dall'esterno verso l'interno, come se <u>smaniasse</u> di <u>riconquistare</u> la sua sede.[37]

밀톤은 자신의 자리를 되찾으려고 노력하는 것처럼 밖에서 안으로 두드리는 심장을 가지고 더욱 세게, 계속 더욱 가볍게 달렸다.

Martellare(~망치질하다) -〉 Bussare(~두드리다)

동사 Verbi	동사 부류 Classi	역동성 Dinamismo	지속성 Durata	종결성 Telicità
Martellare (= to hammer)	행위 동사 processo indefinito	+	+	-
Bussare (= to knock)	행위 동사 processo indefinito	+	+	-

상기한 예시문을 검토해 보면 동사의 대체 외에도 부사 sempre의 생략과 부사적 기능을 하는 형용사 forte의 대체 등을 비롯하여 문장 구조의 수정 사항을 발견할 수 있다. 이러한 수정 결과로 인하여 개작본 3은 개작본 1에 비하여 짧고 단순한 구조를 지니고 있음을 발견할 수 있다.

개작본 1과 2에서 사용된 동사 martellare와 개작본 3에서 사용된 bussare는 역동성과 지속성의 자질은 있으나 자연적인 종결점이 없는 행위 동사로서 의미상의 차이를 나

---

36) Ivi, p. 2272[c2].
37) Ivi, p. 2062(개작본 3).

타냈다.

동사 martellare는 강도를 지닌 점에 중점을 두고 있다면, 동사 bussare는 일반적인
의미로 사용되고 있다.

Volere(〜원하다) −〉 Smaniare(〜열망하다)

동사 Verbi	동사 부류 Classi	역동성 Dinamismo	지속성 Durata	종결성 Telicità
Volere (= to want)	상태 동사 stato	-	+	-
Smaniare (= to yearn)	상태 동사 stato	-	+	-

개작본 1과 2에서 사용된 volere와 개작본 3에서 사용된 smaniare는 주어의 심적 상
태를 표시하는 상태 동사이다. 이 경우 또한 상기한 예와 마찬가지로 의미적인 차이를 나
타낸다. 동사 smaniare는 동사 volere에 비하여 심리적 강도가 더욱 강함을 나타냄으로써
주어의 심리 상태를 더욱 강조하는 효과가 있다.

Ritornare(돌아오다) −〉 Riconquistare(다시 정복하다)

동사 Verbi	동사 부류 Classi	역동성 Dinamismo	지속성 Durata	종결성 Telicità
Ritornare (= to return)	완성 동사 processo definito	+	+	+
Riconquistare (= to reconquer)	완성 동사 processo definito	+	+	+

작가는 개작본 1에서 사용되었던 동사 riconquistare를 개작본 2에서는 ritornare로 대체하였으나 개작본 3에서 본래 사용되었던 동사를 다시 사용하였다.

동사 ritornare와 riconquistare는 역동성, 지속성, 종결성의 자질을 모두 갖춘 완성 동사에 속하지만 의미적인 차이가 존재한다. 동사 ritornare가 단순히 '되돌아온다'는 의미를 나타내는 반면에 riconquistare는 '잃어버린 것을 되찾다'라는 강렬한 의지를 담고 있다.

(4) 결 론

벱페 페놀리오는 여러 미완성 작품을 남겨 놓은 채 42세의 젊은 나이에 세상을 떠났다. 이 연구는 작가의 유작 중에서 가장 대표적인 작품으로 세 개의 개작본이 존재하는 『사적인 문제』에 나타난 동사의 수정 작업을 상적 특성 이론에 초점을 맞추어 검토한 것이다.

『사적인 문제』는 빨치산인 주인공과 파시스트들 사이의 긴장감이 잘 나타난 작품으로 이 작품에서 작가는 인물들뿐만 아니라 자연 요소들의 움직임을 다양하게 묘사하고 있다.

작가의 개정 작업은 내용적 측면에서 뿐만 아니라 언어적 측면에서도 상당한 변화를 보여준다. 작가는 단어 또는 문장의 첨가, 대체, 삭제 등을 비롯하여 문장 구조의 변형 등, 다양한 방식을 통해 개정 작업을 진행하였다.

작가가 실시한 동사 부분의 대체 작업은 상적 유형의 변화와 더불어 의미의 변화를 가져오는 경우와 상적 유형의 변화 없이 외연적인 의미의 변화만을 나타내는 경우로 나타난다. 이 두 가지 경우 모두 동사의 움직임, 특히 순간성과 속도감을 강조하는 효과를 나타내며 상태 동사의 경우에도 의미의 변화를 추구하고 있음을 발견할 수 있다. 이러한 경향은 마지막 개작본에 이르기까지 지속적인 경향을 보여준다.

이 연구는 비록 동사에만 한정 되었다는 지엽적이라는 한계를 지니고 있지만 전반적인 개정 작업에 대한 연구로 확대될 경우 다양한 결과를 가져올 것이며, 개작본간의 차이가 지닌 의미를 분석하고 저자의 개작 의도를 파악함으로써 페놀리오의 문학 세계를 이해하는 초석이 될 것이다.

참고 문헌

Opere. edizione critica diretta da M. Corti, 3 volumi, 5 tomi, Torino: Einaudi. 1978. I. 3. *Primavera di bellezza, Frammenti di romanzo, Una questione privata.* a cura di M. A. Grignani.

Calvino, Italo. *Il sentiero dei nidi di ragno*, "Prefazione 1964", in *Romanzi e racconti.* a cura di M. Barenghi e B. Falcetto, Milano: Mondadori. 1993, Vol. 1.

Dik, Simon C. *The Theory of Functional Grammar. The Structure of the Clause.* a cura di Kees Hengeveld, Berlin: Mouton de Gruyter. 1997.

Fenoglio, Marisa. Casa Fenoglio, Palermo: Sellerio. 1998.

Jezek, Elisabetta. *Lessico. Classi di parole, strutture, combinazioni.* Bologna: Il Mulino. 2005.

Lyons, John. *Semantics*. Cambridge: Cambridge University Press. 1977.

Pustejovsky, James. 『생성어휘론』. 김종복 외 옮김. 서울: 박이정. 2002.

Pustejovsky, James. *The Generative lexicon*. Cambridge (Mass): The MIT Press. 1995.

Rijkhoff, J. *Nominal aspects*, in <<Journal of Semantics>>. 8, 1991, pp. 291-309.

Vendler, Zeno. *Verbs and times*, in *Linguistics in Philosophy*. Ithaca(N.Y.): Cornell University Press. 1967, pp. 97-121.

Ritratti su misura di scrittori italiani. a cura di E. F. Accrocca, Venezia: Sodalizio del libro. 1960.

남승호. "한국어 술어의 사건구조와 상적의미." 『인문논업』제 52집. 서울대학교. 2004.

3. 벱페 페놀리오의 작품에 나타난 대화체 연구

Study on the "Colloquial language" in B. Fenoglio's works

(1) Introduction

Beppe Fenoglio(1922-1963) is considered one of the greatest modern novelist in Italy, even though he has a short life. He lived almost his life at his hometown Alba, the center of Langhe, located in Piemonte Region, working as a employee of the wine maker.

He wrote the significant novels and short stories such as *Partigiano Johnny*, *Una questione privata*, *I ventitré giorni nella città di Alba and La malora* ecc., During his life, it were published just *I ventitre giorni della città di Alba*(1952), *La malora*(1954), *Primavera di bellezza*(1959) and two short stories[1] because of the premature death. The works of the author have two main themes: the country life of Langhe and Resistance.

These are derive from his autobiographical experience as a partisan during the Second World War and the spending time at the native countryside of his father, San Benedetto Belbo, during his vacation.

When we examine Fenoglio's works through critical editions[2], we face with his particular attention to the writing and rewriting: the existence of different drafts of the same title of works[3]. These are the proofs that the author made his best to

---

1) *La ballata del vecchio marinaio*(1955) and *Ma il mio amore è Paco*(1962)

2) Beppe Fenoglio, *Opere*, edizione critica diretta da Maria Corti, collana <NUE Nuova Serie>, 3 Vol., 5 tomi, Torino, Einaudi, 1978.

3) There are two drafts in case of *Partigiano Johnny* and Primavera di bellezza; There are three drafts in case of Una questione privata and Superino. In regard to *Partigiano Johnny*, the

complete his manuscript.

Regarding these facts, in this research, I will try to find out the technique of modification and correctional directions on the colloquial parts. Because the use of colloquial language can also show one of the literary competence of author and it has already been accomplished the studies about the modification from the point of contents.[4]

To carry out this study, first, I selected works that have more than two drafts. Second I followed the order of drafts of each work, even though there are chronological problems.

The aim of this research is not only categorize the type of correctional works and directions of the author, but find out the particular elements that can represent the colloquial language from the point of rhetoric and pragmatics. So, ultimately, this study will be a moment to confirm the devotion and the efforts of the author to improve and to complete his works as he pursuits.

(2) The Italian colloquial language

The most part of our interpersonal communication in everyday takes place verbally. So the language is the very important instrument of speaker who wants

---

critical edition supplies one more draft with the title Ur *Partigiano Johnny*, that is not from the original, but is used by the suggestion of Maria Corti. See *Opere*, edizione critica diretta da M. Corti, 3 volumi, 5 tomi, Torino, Einaudi, 1978. I. 1. *Ur partigiano Johnny*, a cura di J. Meddemmen, con traduzione a fronte di B. Merry, p. 369.

4) See R. Cuzzoni, *Le tre redazioni di <<Una questione privata>>*, in <<Nuovi argomenti>>, 1973, pp. 196-223; F. De Nicola, *Fenoglio partigiano e scrittore*, Roma, Argileto, 1976; M.A. Grignani, *Beppe Fenoglio*, Firenze, Le Monnier, 1981; D. Lajolo, *Fenoglio*, Milano, Rizzoli, 1978.

to express non only his idea, but also his feeling, opinion, etc., according to his necessity with practical and sure purposes.

After the examination the quantity of study on the distinctive characteristic of written and spoken language, Carla Bazzanella individualizes, first, three macro-feature of the canonical spoken language. And then, Bazzanella, in the base of the above three macro-features, indicates the micro-features in each macro-feature:[5]

1. The phonic-acoustic means;
   1) the minimum possibility of planning.
   2) the impossibility of cancellation.
   3) the "evanescent" of the oral message.
   4) the incidence of the prosodic or suprasegmental passages, of the intonation, and the frequent repeat.
2. An extra-linguistic comune context;
   1) the frequent repeat of non linguistic means.
   2) the possibility of deixis use.
3. The presence of speakers or interlocutor(s).
   1) the importance of difficult function.
   2) the possibility of *feed-back*.
   3) the possibility of reference to the shareable knowledge.

From the point of vocabulary, because of the above mentioned difficult planning, it is open find the vocabularies that indicate indefiniteness things(*coso, roba*) or a person (*uno, tipo*), fixed phrase with a verb *fare (fare benzina, fare in*

---

5) Carla Bazzanella, *Le facce del parlare. Un approccio pragmatico all'italiano parlato*, Firenze, La Nuova Italia, 2001, pp. 14-21.

fretta) or *dare* (*dare fuori, darsi arie*) and deixis (*quello, lì*).

From the point of syntactic view, we can find out the multiple use of "che", dislocation(right dislocation, left dislocation), fragment speech, pause, ellipsis, active phrase.

Besides, there are typical use of the Italian colloquial language:[6]

- Pronominal verbs with a double clitic: *farcela, fregarsene*, etc.
- Word formation that finish with the suffix "-ata": stronzata, carognata, etc.
- Adverbial use of the adjective: guardare *piano*, correre veloce, etc.
- Intensify meaning with "*forte*" e "*tutto*": è brutto forte, è *tutto* tirato, etc.
- Use of allusive and descriptive deixis: mi hanno fatto una testa così, dice tante di *quelle* stupidate, etc.

(3) Fenoglio's correctional works

Most of his works are collected in a critical edition, directed by Maria Corti, after the death of Fenoglio. Thanks to the efforts of Corti and her group, we can meet not only the final versions of each works, but also the drafts with variants.

Through this critical edition, we can confirm that Fenoglio selects and reuses exactly what he needs from the former drafts during the rewriting his works. Even though, he does not merely reuse as it is, but he modified not only the contents but the phrase, the words ecc., through the addition and the suppression of substitution ecc.. The author confessed himself about his hard efforts to complete his works.

Ci faccio una fatica nera. La più facile delle mie pagine esce spensierata da

---

6) Gaetano Berruto, *Sociolinguistica dell'italiano contemporaneo*, Roma, Carocci, 1987.

una decina di penosi rifacimenti.[7]

When we examine all the text of critical edition, we can find more drafts of country stories than those of the Resistance. So, in this research, I preferred to choose *Superino* as a theme of the country life. I also choose *Primavera di bellezza* and *Una questione privata* that can represent the theme of the Resistance.

(4) Theme of the country life: *Superino*

As M. Corti mentioned at the note on the text in the critical edition, the definite version of *Superino*, published in a collection of *Un giorno di Fuoco*, is very different from the oldest draft of *Superino*[8] from the point of the content and the language. The critical edition supplies non only the definite version, but also two important former drafts for this research.

Superino 1

ⓐ In quel punto di Belbo l'acqua era ferma, come rappresa intorno alle radici e ai rami annegati, e del color marrone dei decotti. ⓑ - Questo è quello che noi chiamiamo un gorgo, - mi bisbigliò lui. ⓒ Non accennava a rialzarsi e a mettere la mano in tasca per la pastiglia. ⓓ Mi venne paura che perdesse l'equilibrio e cascasse nel gorgo e io poi non avessi la

---

7) *Ritratti su misura di scrittori italiani*, cit., p. 181. Oltre al lavoro di riscrittura delle stesse opere, l'autore dimostra il suo impegno e la sua sofferenza di traduzione nel suo *Diario:* "Recitato, nella mia versione, *Peace* di Hopkins. L'esaltante fatica che mi costò il tradurre quel poco d'Hopkins". *Diario*, cit., p. 210.

8) I call this draft as *Superino*1.

forza e l'abilità di tirarlo fuori. ⓔ Di quell'acqua non mi fidavo, non mi andava la sua immobilità, quel suo colore, le vibrazioni delle radici sommerse.

ⓕ Visto che lui ancora non si decideva, gli tolsi gli occhi di dosso e li alzai ai pioppi. ⓖ Tirava nei rami un filo d'aria, e bastava a far vorticare come tante elichette le foglie d'argento. ⓗ Ma mi stancai anche di quello e gli gridai: - Smettila di fissare l'acqua e facciamo la cosa.

ⓘ - Tu hai paura dell'acqua? - mi fece con la sua voce vecchia vecchia. ⓙ E non s'era drizzato né voltato.

ⓚ - Io?[9]

Superino 2

ⓛ - Questo è quello che noi chiamiamo un gorgo, - mi bisbigliò.

ⓜ - Lo so, - dissi io in un soffio e guardavo a traverso la pozza profonda, con l'acqua che a un momento era del marrone unito dei decotti e l'altro si faceva variegata come la pelle di un serpente. ⓝ L'acqua era perfettamente immobile, ma come raggelata, le radici e i rami sommersi si agitavano come anime nel purgatorio.

ⓞ - In questo gorgo, due anni fa, - disse Superino adagio, quasi sillabando, - si è annegato Pietro Cogno, accusato di aver ingravidato la povera scema dei Moretti. ⓟ E un anno prima, in questo stesso gorgo, si era annegato Ugo Fazzone, quando il suo vecchio gli rifiuto i soldi per entrar socio nel mulino di Cravanzana.

ⓠ Senza drizzarsi, voltando appena la testa mi fece: - Tu hai paura?

ⓡ - Dell'acqua? - risposi io con un sussulto.[10]

Confronting the above two drafts, Superino1 and Superino2, we can find out,

---

9) B. Fenoglio, *Superino*, cit., p. 643.

10) *Ivi*, p. 658.

first of all, in the point of the contents, the addition of episode(ⓞ, ⓟ) of the suicide in the whirlpool of Pietro Cogno and Ugo Fazzone, instead of the deletion of the sentences(ⓒ, ⓔ, ⓕ, ⓖ) that describe the actions and the thought of characters. This correction brings the attention of readers on the whirlpool that represents and symbolizes death like other water images, current, green water and well, that have same sense, founded in other Fenoglio's rural works: Il gorgo, la malora, l'acqua verde and Ma il mio amore è Paco etc..

With a change of contents, naturally, the author touched the part of the language. The phrase ⓐ in Superino1 is disassembled and reused for the phrases ⓜ and ⓝ in Superino2. At this work, the author tried to delete the pleonastic expressions, and simplify, giving its degree. In Superino1, the author used "l'acqua era ferma"(ⓐ), "la sua immobilità"(ⓔ) to describe the immobility of water. But in Superino2, the author unify these in one sentence "L'acqua era perfettamente immobile"(ⓝ) with an addition of adverb "perfettamente" to add the superlative significance. Also in case of the synonym "annegati"(ⓐ) and "sommerse"(ⓔ), the author carries out the same correctional work, choosing just "sommersi"(ⓝ) in Superino2. In case of the noun "colore" which is used twice like "color marrone dei decotti"(ⓐ) and "quel suo colore"(ⓔ), the author, in the first case, eliminates the word "color", because the adjective "marrone" includes the meaning of color, and removes completely "quel suo colore" in Superino2.

The elimination of the sentence "mi fece con la sua voce vecchia vecchia" (ⓘ) that describe the way of speaking attributes the simplification and the acceleration of colloquial part. This part is retouched as we can see in the next page.

The change of the subject from "io"(ⓔ) to "l'acqua"(ⓝ) brings the attention of the readers to water. Also this kind of elaboration is adopted at the last touched citation sentence: from "Io?"(ⓚ) to "Dell'acqua?"ⓡ.

Besides the above corrections, the author uses similes like "come la pelle di un serpente"(ⓜ), "come raggelata"(ⓜ) and "come anime nel purgatorio"(ⓝ) in Superino2 to emphasize the color, the immobility of water and the movement of the roots and branches. This work increases understanding of what the writer is trying to communicate. So the reader can form a mental image of the described object. The change from "come rappresa"(ⓐ) to "come raggelata"(ⓝ) in attributes the tactile sensation with coldness. So the sentence "ⓝ" finally shows antithesis between the immobility and mobility with the sense of mobility in immobility these correctional works.

Superino 3

ⓢ - Questo è quello che noi chiamiamo un gorgo, - mi bisbigliò.

ⓣ - Lo so, - dissi io in un soffio, e guardavo di traverso l'acqua profonda, variegata come la pelle dei serpenti. ⓤ Era perfettamente immobile, come raggelata, ma le radici e i rami sommersi si agitavano come anime del purgatorio.

ⓥ - In questo gorgo, due anni fa, - riprese Superino adagio, quasi sillabando, - si è annegato Pietro Cogno, accusato di aver ingravidato la povera scema dei Moretti. ⓦ E un anno prima, in questo stesso gorgo, si era annegato Ugo Fazzone, quando il suo vecchio gli rifiuto i soldi per entrar socio nel mulino della Verna. ⓧ Tu hai paura?

ⓨ - Dell'acqua? - feci, eludendo la domanda.[11]

Even though the part of corrections is not too much, it is still find the several correctional elaboration from the draft Superino2 to the final version Superino3. Carrying out this correctional work, the author deletes once again the pleonastic expression that indicates the color "marrone unito dei decotti" (ⓜ) and leave alone "variegata"(ⓣ) which includes different color. So the result of this kind of correctional work brings the very compact sentences

---

11) *Ivi,* pp. 489-490.

without loosing any sense.

The change from singular noun "un serpente"(ⓜ) to plural noun "i serpenti" (ⓣ) enlarges the number of snakes which is a symbol of evil.

The author retouches the last part and deletes the sentence "Senza drizzarsi [...] mi fece"(ⓠ) that describe the action of the character. This gives an effect to speed up the rhythm of dialogue.

Also there are small modifications like the change of the real name of the town(ⓟ Cravanzana) to an imaginary name(ⓦ Verna) and the elimination of the subject(ⓝ L'acqua -> ⓤ X).

Through the two former drafts and the final version of Superino, we can notice that the author continue to use the place deixis that indicates the specific space which shows the locations of the participants in speech event using a demonstrative "questo"(ⓑ, ①, ⓞ, ⓢ, ⓥ).12). With this place deixis, the time deixis also be used: "due anni fa"(ⓞ, ⓥ), "un anno prima"(ⓟ, ⓦ).13)

(5) The theme of the Resistance

(5.1) Primavera di bellezza

As I mentioned above *Primavera di bellezza* is one of the three books that are published during the life of Fenoglio. As we can see at the note on the critical edition, the author changed almost the half of the first draft to arrive a publication.14)

---

12) As regards this matter, see Levinson, Stephen C. *Pragmatics*, Cambridge, Cambridge University Press, 1983, pp. 79-85.

13) *Ivi,* pp. 73-79.

14) See *Opere,* edizione critica diretta da M. Corti, 3 volumi, 5 tomi, Torino, Einaudi, 1978. I. 3. *Primavera di bellezza, Frammenti di romanzo, Una questione privata*, a cura di M. A. Grignani, pp. 2067-2072.

Primavera di bellezza 1

ⓐ Buttò su Johnny i suoi grassi occhi meridionali. ⓑ - Per quanto concerne i pantaloni, questi ti andranno certamente bene. ⓒ Giubba, questa. ⓓ - Questa non mi va, maresciallo, non mi copre nemmeno... ⓔ- Si accubitò sul balcone, si pinzò il naso e soffiò: ⓕ - Voi figlietti di papà, voi studentelli cari. ⓖ State nell'esercito [...]15)

Primavera di bellezza 2

ⓗ Buttò su Johnny i suoi grassi occhi meridionali.

ⓘ - Per quanto concerne i pantaloni, questi ti andranno certamente bene. ⓙ Giubba, questa.

ⓚ - Questa non mi va, maresciallo, questa mi spacca sulla schiena.

ⓛ Si accubitò sul balcone, si pinzò il naso e soffiò: ⓜ - Voi figlietti di papà, studentelli belli e cari. ⓝ Ora state nell'esercito [...]16)

In the first look, the notable different between two drafts is the separation of the colloquial part from the description part on the lines.

In this case, the author accomplishes to substitute from "non mi copre nemmeno"(ⓓ) to "questa mi spacca sulla schiena"(ⓚ). As a result of this modification, the author gives the tactile sense to the text. Specially the verb "spacca" give a phonic efforts with the sound of "p" and "cc".

Through the two drafts, we can notice that the author continue to use the place deixis that indicates the specific using a demonstrative "questi"(ⓑ, ⓘ) and "questa"(ⓒ, ⓓ, ⓙ, ⓚ).

From the point of lexical view, we can meet the use of the suffix in case of "figlietti" and "studentelli"(ⓕ, ⓜ).

---

15) Beppe Fenoglio, *Primavera di bellezza*, p. 1331.

16) Ivi., p. 1433.

Besides, the author insert the adjective "belli"(ⓜ) to describe more aspects and the time deixis "ora"(ⓝ).

Primavera di bellezza 1

- Non dormi, Johnny? - Tu che hai la sigaretta accesa... - Vuoi tirare? - No, dimmi l'ora. - Two fifiteen. - Domani ginnastica. - Sulla forca.[17]

Primavera di bellezza 2

- Non dormi, Johnny?

- Tu che hai la sigaretta accesa...

- Vuoi tirare?

- No, dimmi l'ora.

- Two fifiteen. Domani ginnastica.

- Hang it![18]

This citation also shows the same correctional direction like as we analysed above. Even though the author does not retouch the sentences, he displays the sentences of Primavera di bellezza1 like the systematical dialogue format in Primavera di bellezza2.

In this citation, it is still found the use of English of the author. But in regard to this point, we can consider that it's not a special one. Because we can meet this aspects very often in earlier works of Fenoglio.

(5.2) Una questione privata

---

17) Ivi., p. 1334.

18) Ivi., p. 1437.

In this part, I will also focus on the three drafts of *Una questione privata*, published posthumously in 1963, which is uncompleted work but wins high praise from Italo Calvino.

The first draft of *Una questione privata* represents the efforts of the protagonist Milton who is trying to hunt a fascist to exchange of prisoner, his friend Giorgio. Fulvia, another personage, is described as an official fiancée of Giorgio. There is no particular relationship between Milton and Fulvia. So the motive of Milton's action is merely for the friendship.

But from the second draft of *Una questione privata*, the story starts with the triangle love story between the above mentioned three personages. Fulvia is no more the fiancée of Giorgio and it describes the story between Milton and Fulvia through flash-back. Milton tries to save Giorgio from fascists to find out what happened between Giorgio e Fulvia. So there is a fundamental change of motive of Milton's action.

The next citations demonstrate extremely the correctional work and directions of the author according to the order of the draft.

In *Una Questione Privata*1, Milton's military fellows Leo and Maté visit another partisan unit to meet the responsible person Gabilondo to ask if they have a fascist to exchange with a prisoner Giorgio. They are talking with a partisan Dante.

Una questione Privata 1

   ⓐ - E dov'è?

   ⓑ - Oggi è fuori.

   ⓒ - Fuori dove? Fuori tanto?

   ⓓ - Di là del fiume.

   ⓔ Leo si passò le mani sulla faccia. ⓕ - Di stasera non torna?

   ⓖ - È improbabile. ⓗ A me non ha lasciato detto niente ma è improbabile.

ⓘ - Io sono venuto per una cosa importante e urgente. ⓙ Avete un fascista prigioniero?

ⓚ Dante sogghignò. ⓛ - Noi? ⓜ Noi non ne abbiamo mai.[19]

Una questione Privata 2

ⓝ - E dov'è?

ⓞ - Fuori.

ⓟ - Fuori dove? Fuori tanto?

ⓠ - Di là del fiume.

ⓡ - Perchè è andato di là del fiume?

ⓢ - Per benzina, rispose Andrea. ⓣ - Per solvente da usare come benzina.

ⓤ Milton si passò le mani sulla faccia. ⓥ - Di stasera non torna?

ⓦ - Non ha lasciato detto niente ma è improbabile. ⓧ Sarà già tanto che di stanotte ripassi il fiume.

ⓨ - Io sono venuto per una cosa importante e urgente. ⓩ Avete un fascista prigioniero?

① Andrea sogghignò. ② - Noi? ③ Noi non ne abbiamo mai.[20]

Confronting the above two drafts, in the second draft the name of characters is changed from Leo(ⓔ) to Milton(ⓤ) and from Dante(ⓚ) to Andrea(①), because of the modification of contents as I mentioned above very briefly. Namely, from the second draft, Milton alone moves around to find out a fascist.

The biggest different between the first draft and the second one is the insertion of the dialogues "ⓡ" and "ⓢ" that represent the difficult situation of the partisans' unit.

---

19) B. Fenoglio, *Superino*, cit., p. 1777.

20) B. Fenoglio, *Superino*, cit., p. 1893.

During the correctional work, the author deletes the sentence "ⓖ". This can be also considered as the case of the Suerino where the author eliminate the same meaning word or the sentence in near distance.

Una questione Privata 3

④ - E dov'è?

⑤ - Fuori.

⑥ - Fuori dove? Fuori tanto?

⑦ - Di là del fiume.

⑧ - Io divento pazzo. ⑨ Ma che è andato a fare di là del fiume?

⑩ - Voglio dirtelo. ⑪ Per benzina. ⑫ Per solvente da usare come benzina.

⑬ - Di stasera non torna?

⑭ - Sarà già tanto che di stanotte ripassi di qua.

⑮ - Io ero venuto per una cosa importante e urgentissima. ⑯ Avete un fascista prigioniero?

⑰ - Noi? ⑱ Noi non ne abbiamo mai.[21]

Confronting *Una questione privata2* with Una questione privata3, it's noticed the two sentences "ⓤ" and "①" are eliminated. These are used to describe the actions of characters. Besides, the sentence ⓦ is deleted. Because the sentence "ⓧ" already includes the sense of improbability.

We could also find a newly inserted sentence "⑧" that represents the mental state of the hero. And the substitution[22] from a normal adjective "urgente" (ⓨ) to superlative degree "urgentissima"(⑮) emphasize the very urgent situation from the point of semantics view.

As a result of this, the citation part of the last draft is composed of just dialogues. So it means that the result of this correctional elaboration gives the

---

21) B. Fenoglio, *Superino*, cit., p. 1991.

22)

effect of velocity and tension of the development of the story, not giving the pause to the readers.

(6) Conclusion

The Italian writer Beppe Fenoglio(Alba, 1922-1963) is one of the most representative authors in the world of modern literature.

His autobiographical experience at the countryside of Langhe in Piemonte region and the direct participation at the Resistance as a partisan are the fundamental and important inspiration of his works. So, his works can be divided in two main themes: country life and the Resistance. Also his passion for the English literature gives him a power of imagination.

Even though Fenoglio left just few works during his life, we can still meet his novels and short stories published after his death together with drafts and variations in critical editions.

This study analyses the processes of correctional works to examine the correctional techniques and directions of the author from the point of view of languages with the help of rhetoric and pragmatics theories, considering that it is already realized the studies from the point of contents.

This research shows that the author deletes the words or the phrases which repeat or include the same meaning, specially in near distance. Specially, in the colloquial part, the author has a tendency to eliminate the description part of action of the speakers. So, the colloquial part is only constructed by the dialogues. And as a result of this, the simplified colloquial part gives an effect of velocity for developing stories, not giving the time to pause to the readers.

Besides the author uses the techniques of appending, substitution and simile ecc. for achieving completeness and having focus not only the contents but also the languages of his works.

So, this is a system of Fenoglio's correctional direction.

Bibliography

Opere, edizione critica diretta da M. Corti, 3 volumi, 5 tomi, Torino, Einaudi, 1978.
I. 1. *Ur partigiano Johnny*, a cura di J. Meddemmen, con traduzione a fronte di B. Merry; I. 2. *Il partigiano Johnny*, a cura di M. A. Grignani; I. 3. *Primavera di bellezza, Frammenti di romanzo, Una questione privata*, a cura di M. A. Grignani; II. *Racconti della guerra civile, La paga del sabato, I ventitre giorni della città di Alba, La malora, Un giorno di fuoco*, a cura di P. Tomasoni; III. *Racconti sparsi editi e inediti, Quaderno Bonalumi, Diario, Testi teatrali, Progetto di sceneggiatura cinematografica, Favole*, a cura di P. Tomasoni, Epigrammi, a cura di C. M. Sanfillippo.

C. Bazzanella, *Le facce del parlare*, Milano, La Nuova Italia, 2001.

G. Berruto, *Sociolinguistica dell'italiano contemporaneo*, Roma, Carocci, 1987.

R. Bigazzi, *La cronologia dei Partigiani di Fenoglio*, in <<Studi e problemi di critica testuale>>, n. 21, ottobre 1980. pp. 85-122.

E. Corsini, *Ricerche sul fondo Fenoglio*, in <<Sigma>, n. 26, giugno, 1970, pp. 3-17.

M. Corti, *Beppe Fenoglio. Storia di un "continuum" narrativo*, Padova, Liviana, 1980.

R. Cuzzoni, *Le tre redazioni di <<Una questione privata>>*, in <<Nuovi argomenti>>, 1973, pp. 196-223.

F. De Nicola, *Fenoglio partigiano e scrittore*, Roma, Argileto, 1976.

M.A. Grignani, *Beppe Fenoglio*, Firenze, Le Monnier, 1981.

D. Lajolo, *Fenoglio*, Milano, Rizzoli, 1978.

S.C. Levinson, *Pragmatics*, Cambridge, Cambridge Universty Press, 1983.

M.B. Papi, Che cos'è la pragmatica, Bologna, Milano, 1993.

Dizionario di retorica e stilistica, Torino, UTET, 2004.

Ritratti su misura di scrittori italiani, a cura di Elio Filippo Accrocca, Venezia, Sodalizio del libro, 1960, pp. 180-181.

Abstract

The Italian writer Beppe Fenoglio(Alba, 1922-1963) is one of the most representative authors in the world of modern literature.

His direct experience at the countryside of Langhe in Piemonte region and the direct participation at the Resistance as a partisan are the fundamental and important inspiration of his works. So, his works can be divided in two main themes: country life and the Resistance. Also his passion for the English literature gives him a power of imagination.

Even though Fenoglio left just few works during his life, we can still meet his novels and short stories published after his death together with drafts and variations in critical editions.

This study analyses the processes of correctional works to examine the correctional techniques and directions of the author from the point of view of languages with the help of rhetoric and pragmatics theories, considering that it is already realized the studies from the point of contents.

This research shows that the author deletes the words or the phrases which repeat or include the same meaning, specially in near distance. Specially, in the colloquial part, the author has a tendency to eliminate the description part of action of the speakers. So, the colloquial part is only constructed by the dialogues. And as a result of this, the simplified colloquial part gives an effect of velocity for developing stories, not giving the time to pause to the readers.

Besides the author uses the techniques of appending, substitution and simile ecc. for achieving completeness and focalization not only the contents but also the languages of his works.

This paper shows briefly the blood and tears endeavor, and the eternal love for the literature of Fenoglio who grants his creativity on his direct experience of life.

V. 벱페 페놀리오 연보

1922년: 3월 1일 이탈리아 Alba에서 출생.

1940년: Alba에 위치한 Ginnasio 입학. 반파시스트 운동을 하고 나중에 빨치산으로 활동
한 Pietro Chiodi와 Leonardo Cocito 선생님을 학교에서 만남.

1943년: 사관생도로 군에 입대하여 로마로 이동.

1944년: Mauri 대장이 이끄는 빨치산 부대에 합류.

1951년: *La paga del sabato* 탈고. Vittorini의 거절로 인해 출판되지 못하고 1969년에
Einaudi에서 사후 출판.

1952년: Einaudi에서 처녀작 *I ventitre giorni della città di Alba* 출판.

1954년: Einaudi에서 *La malora* 출판.

1955년: 문학지 Itinerari에 번역 작품 *La ballata del vecchio marinaio* 게재. 이 작품
은 Einaudi에서 1964년에 단행본으로 출판.

1959년: Garzanti에서 *Primavera di bellezza* 출판.

1960년: *Primavera di bellezza*로 프라토 상(Premio Prato) 수상.

1962년: *Ma il mio amore è Paco*로 알피 아푸아네 상(Premio Alpi Apuane)상 수상.

1963년: 2월 18일 사망. 푸치니-세니갈리아 상(Premio Puccini-Senigalia)상 수상.

1963년: 4월. Garzanti에서 *Un giorno di fuoco* 출판.

1965년: Garzanti에서 *Una questione privata* 출판.

1968년: Einaudi에서 *Il Partigiano Johnny* 출판. 프라토 상(Premio Prato) 수상.

1973년: Einaudi에서 *Un Fenoglio alla prima guerra mondiale* 출판.

1974년: Einaudi에서 번역서 *La voce nella tempesta* 출판.

1978년: Einaudi에서 L'edizione critica delle *Opere* di Beppe Fenoglio 출판.

1982년: Einaudi에서 번역서 *Il vento nei salici* 출판.